夢探索
Dream Method
夢から力を引き出す本

松村 潔

説話社

はじめに

　これまで占星術やタロットカードについての本を書いてきましたが、実は占星術もタロットカードも、極めて象徴的なシステムで、これらは具体的な事象をリーディングするのにはあまり適していないものです。
　占星術で、この惑星とこの惑星のアスペクトはこうであるとか、この惑星はこういう意味であると解説しても、その直後からその説明は嘘になっていきます。
　タロットカードについても１枚ごとの意味について解説すると、それは明らかに出鱈目な説明であると考えてもよいくらいです。
　一つの象徴には100以上の説明が成り立つと考えてもよいし、「こう考えてもいいし、ああ考えてもいいです」と、『マンディーン占星術』（説話社）に書きました。
　『マンディーン占星術』を執筆した後に、私は解説・説明としての形式の本はもう書けなくなるのではないかと思いました。理由は、象徴と事物の関係が一対一の固定的な関係でないのならば、最終結論だけを書かなくてはならない解説・説明の形式の文章は適していないし、象徴と事物性の組み合わせはしばしば変則的なものも出てくるが、それはひねりすぎになり、むしろフィクションである方がそれを上手く扱えるのです。
　金星は平和で楽しい天体であると説明するのが普通ですが、金星は邪悪で戦争を好む天体であるという定義も、実は、一部に存在しています。そしてそれには、はっきりと根拠があります。
　それで、夢に関してですが、夢の体験は肉体が仮死状態になった後に体験するものであり、肉体という「事物性」から解き放たれて、夢は極めて象徴的で概念的な体験をしていきます。

はじめに

　人間の構造は霊魂魄肉の四つのボディの集積ですが、夢は肉体が凍結した後の体験なので、霊魂魄（れいこんはく）の体験なのです。夢の内容は支離滅裂で意味がないと考える人は、肉体が持つ因果律、時間・空間の秩序にこだわりすぎて、小さな小窓から大海を見ているようなもので、夢が支離滅裂なのではなく、その人の知性が偏狭すぎて、応用性がなさすぎるのです。
　私の生活は実生活においてはあまりにも単調で、ルーチンなことを繰り返しており、ほとんど何事も起こりません。すると、夢の体験はそれに反して精彩があり、生き生きとして刺激的で、たくさん事件が起こります。
　おそらく、自分のリアリティとしては起きた後の暮らしが40％、夢の生活が60％くらいの比率かもしれません。夢では毎日違うことが起こるので、それらを記憶しているだけでも大変で、1日の夢の中でも四つくらい話が出てくるというのもよくあるのです。
　毎日の眠りは、人の死に似ていて、プチ死ということですが、人間が死んだ後のコースを、日々の夢の中で用意していくというのは賢明なことではないでしょうか。
　人が死んだ後は、霊魂魄肉のうち肉が灰になり、その後、霊魂魄が一つずつ分離しますが、仙人は滅びた肉の代わりに、少し軽い肉を用意して、そこに乗り換え、結果的に、生前と同じく霊魂魄肉を結晶化・結合化した生き方を続けます。
　この場合、軽い肉というのは、濃いエーテル体といえばよくて、ウィリアム・ブレイク式にいえば、植物性大地です。私達が今住んでいる場所は鉱物性大地、そして私達の肉体は鉱物と金属を多く含んだ重たい肉体です。

仙人は雲の上にいるというたとえですが、仙人の中で最も位の低い孫悟空は筋斗雲に乗っています。この雲が、重たいエーテル体のことであり、夢の中では布団として登場します。夢は布団の上で見るのです。
　私は最近は、眠って肉体からエーテル体が広がる光景を生け花として説明するか、あるいは爆発する光景として説明します。肉体から解き放たれて広がるエーテル体は爆発光景に似ており、そこには宇宙法則が働くので、この爆発は、結局、プラトンが説明するような立体幾何図形に行き着きます。図形の点に意識は集中していくし、また点から新しく展開していきます。つまり点は戻っていく場所、出発する場所です。
　プラトンは、元素は転換可能であると説明しましたが、つまり立体幾何図形は違う図形にも変わりますが、この変わっていく拠点は点にあり、点に戻り、また点から線に伸びていくということでトランスフォームするのです。
　銀河には1000億以上の恒星があるといわれていますが、この点を恒星にしていくと、銀河の中に広がる図形、高次エーテル体の生け花になります。夢の体験で、この銀河に広がるボディにまで至ることはそう難しくありません。そしてこのエーテル体が新しく、小さな個体と結びつこうとした時に、軽い肉体、雲の上に住む仙人の肉体は無理がないのです。
　地上に住んでいる通常の肉体は、この広がったエーテル体と結びつくには適していません。星に行った人は、もう地上には戻れないということを、タロットカードの「17星」のカードは上手く描いています。水の上にあるスノコに乗っているのです。
　エーテル体グリッドの点を文字にたとえるのは、古来からのやり方です。霊魂魄のすべてにつながる文字を神代文字、あるいは霊界文字とい

います。

　霊界とはメンタル界のことで、今日の多くの言葉、例えば日本語などもこのレベルには接触していません。夢の中では霊魂魄の体験をしていくので、夢の中でこの秘密の言葉を探すのは楽しいことです。夢はいかなることにも真面目に答えてくるという意味では、文字を探したいというと、協力してきます。

　銀河に広がる立体幾何図形としてのエーテル体の話ですが、既に事物としての肉体から離れたものなので、時間・空間の因果律とかルールは使えません。したがって、天文学的に見た星の配置とか方向はほとんど有効性がないのです。

　例えば、正十二面体は面が五角形です。この五角形は防衛とか、自己主張なども表し、地球と火星の間に張られており、外部からの侵入者を防いでいるという意味で、宇宙空間の五稜郭ですが、家を守るという意味では犬の象徴が頻繁に出てくるでしょう。

　犬は外部から来たものに吠える。しかしまた内部から外に行こうとするものにも吠える。タロットカードでは、この吠える犬は、「0 愚者」のカードと「18月」のカードに登場します。実は、外部にあるものに接触すると吠えるというのは、異質なエネルギーに接触すると、すぐさまメッセージとか言葉になるというふうに考えてもよいでしょう。死後の世界の門番であるという意味ではアヌビスも同様です。

　宇宙空間の中で、犬の五角形というと、わかりやすい例としてはおおいぬ座の犬のフォルムです。とはいえ代表的な恒星は7個ありますから、この中から任意の五つを選びます。この犬の頭脳はシリウスです。そして吠える口はミルジムです。五角形はミルジム、シリウス、ウェズン、ア

ルドラ、フルドで構成してもよいでしょう。シリウスで考え、ミルジムで吠えるという意味で、ミルジムはアナウンサーの星といわれていますが、図形としては五角形でなく、しかし空間的な秩序というものは肉体から離れた瞬間から意味をなさなくなるということで、ここに五角形が作られ、この五角形をちりばめた犬の正十二面体が形成されるのです。

　平面の図はアストラル体、点と線はメンタル体、あるいはそこを受けた上位エーテル体という点で、ロゴスや意味というものは点をなす恒星に依っています。

　メンタル体まで通っていく文字は霊界文字でしたが、この五角形あるいは正十二面体を表すのは、恒星と直接接触した五文字で表記されるのです。意識は強烈な力で点に引き寄せられ、そこに集まると、今度は外に広がるという呼吸の拠点として、点を示す文字があり、それが連なった五文字は、吠える犬、異界と接触する犬、宇宙に飛ぶ犬として、根源的な力を発揮します。もちろん、この文字は地上のどこにも記録されていません。なぜなら地上の世界は、霊魂魄から切り離され孤立したものだからで、どこにも霊魂魄の痕跡がないと見てもよい面があるからです。

　私は犬を、ある短編ではアカシックの図書館警察として描きましたが、地球においては極めて代表的なルーツであり、五大陸のうちアフリカに縁があるものです。

　宇宙に飛んだ人は、地上の肉体とは上手く噛（か）み合わなくなるのですが、それは地球というものが宇宙から孤立している故で、地球生活の中でちゃんと地に足を着けて生きると、ほとんど宇宙とは関わることができなくなります。このように地に足を着けている人は、夢を無意味なものとみなします。

霊魂魄を認めてしまうと、肉の暮らしがまともにできなくなるからです。しかし、一度宇宙に飛び出して、さらに自分の故郷の星を見つけ出した人は、肉体生活と、夢の生活の間に、中間接点を作り出そうとする人もいます。それは肉体的生活と夢の間に距離がありすぎるので、その間にもう一つ駅を作りたいということかもしれません。ただこうした工夫も、その人それぞれのやり方、所属する宇宙系による違いがあるので、画一的に考えるよりも、いろいろ面白い方法を考え出すのがよいでしょう。

私は、仙人は雲の上に住んでいると書きましたが、雲には七つの階層があり、久米の仙人は最初、地上の川辺で洗濯している女性が見えるくらい低い位置にあった。その後、もう少し高度な雲に移動しました。そのために一度転落し、バウンド効果を利用したのです。

夢の中で宮地水位に会いましたが、久米仙人とは比較にならないようなレベルの世界に住んでいました。わからないことはすべて夢に聞く。地上でどこの書物を探しても書いていないような内容は夢で聞く。この姿勢で取り組むとよいでしょう。

マクロバイオティックでは、魚は頭から尻尾まで食べようという思想がありました。その意味では、人間は1日のすべてを使うべきであるということになります。

ほとんどの人は、眠る時間をパンの耳のように切り捨てていますが、実は、極めて重要なのです。

目次

はじめに ………………………………………………… 2

1 夢を見る生活をしよう ………………………………… 12
2 人は複数の意識が重なってできた存在 ……………… 14
3 振動密度の高いものを対象化できない ……………… 25
4 専門家的悟りの物質 …………………………………… 28
5 メンタル体はアストラル体を作り出す ……………… 34
6 皮膚を覆う網目、下位エーテル体 …………………… 37
7 バイロケーションで練習する ………………………… 42
8 「15悪魔」のカード …………………………………… 47
9 入眠時のイメージ ……………………………………… 57
10 図形を思い描く ………………………………………… 61
11 タロットカード ………………………………………… 63
12 タットワの図形 ………………………………………… 68
13 黄色の正方形 …………………………………………… 74
14 今の地球は土のエリアなのか ………………………… 76

15　銀色の三日月 ……………………………………… 87

16　青色の円 …………………………………………… 96

17　言葉の翻訳 ………………………………………… 103

18　赤い三角形と濃いエーテル体 …………………… 113

19　屋根裏部屋の鯨 …………………………………… 122

20　紺色の楕円 ………………………………………… 135

21　「19太陽」のカード ……………………………… 143

22　人生を変える図形 ………………………………… 159

23　工事中の建物の中にあるシャワー ……………… 170

24　アストラル体を海王星で考える ………………… 175

25　決まりきった人間の型からはみ出す、本能の書き換え … 183

26　「13死神」のカード ……………………………… 190

27　真ん中にある池 …………………………………… 196

28　アナザーワールドへ斜め移動、2回転目の12サイン …… 201

29　2回転目の12サイン〜牡羊座 …………………… 208

30　2回転目の12サイン〜牡牛座 …………………… 212

31	2回転目の12サイン〜双子座	216
32	2回転目の12サイン〜蟹座	220
33	2回転目の12サイン〜獅子座	224
34	2回転目の12サイン〜乙女座	229
35	2回転目の12サイン〜天秤座	234
36	2回転目の12サイン〜蠍座	240
37	2回転目の12サイン〜射手座	246
38	2回転目の12サイン〜普通さをはみ出す	255
39	いつもの人	271
40	象徴の読み方は型共鳴で	276
41	四つの周期	283

おわりに ……………………………………………………… 291

著者紹介 ……………………………………………………… 296

夢を見て、夢を分析して、必要なものは夢から手に入れよう

1 夢を見る生活をしよう

　私は中学生とか高校生の頃から毎日夢日記をつけていました。
　理由は夢の神秘感にあり、何かありそうだがその意味がわからない。しかしひどく惹きつけられる。だから、自分で夢を記録し、その意味について考えるということが習慣になりました。ページの上の方に夢の内容を書き記し、下の方にその説明とか解釈を書いていくというスタイルです。
　だいたい1か月でノートが1冊埋まったので、毎月ノートを購入していました。
　夢分析の本も読んでみましたが、それはあまり役に立ちそうにありませんでした。夢の象徴的な表現は、本人との関係で意味が決まるもので、一般論ではわからないことが多いからです。
　例えば、私はオーディオが好みで、中学生の頃に既に真空管アンプなどを作っていました。すると、電気回路の中のコンデンサとかトランス、またスピーカー、アンプ、レコードプレーヤーなどの互いの関係性とか意味が自分の知識として定着しています。夢の中で電気回路を出されるとその意味はすぐにわかります。
　夢占いの本で、「スピーカーが出てきたら」、というような解説はほとんど私には有効性がありません。魚屋さんなら魚の細かい違いはわかるはずなので夢の中でいろいろな魚が登場するでしょうし、鰭が出てきたら、それが自分にとってどういう意味を持っているのかすぐにわかるでしょう。
　夢の中で出てきた映像の意味は意味を与えるものと与えられたものの

関係性で決まるので、他人には干渉できない親密な男女のようなセットなので、誰かが口を挟むことができなくなるのです。

　若い時期、他の人のように長い時間働くことはそう多くなくて、たいてい1日は暇でした。30代の頃も、人から私ほど貧乏な人は見たことないといわれましたが、それは働いていなかったからです。

　こういう生活の中では、夢の体験がとても重要で、日常の起きた時間はそれについて考えるための予備時間です。忙しく働いて活動するよりも、私のように暇で夢を見る時間が長く、その後、それについて長く考えているという暮らしの方が、価値が高いと思います。

　これはまるで猫のような暮らしですが、働く人は時間を無駄にしていると感じます。

2　人は複数の意識が重なってできた存在

　ゲオルギイ・グルジェフは、人間はいくつかのセンターを持っていると説明しています。このセンターというのは、身体の中にある中枢のようなものです。内臓とか物理的な身体組織で考えると、この定義は上手く捉(とら)えることができません。ある種の意味作用としての中枢です。

　たいてい人間の構造を考える時に、古来から三分節が一般的でしたが、これは思考、感情、身体と説明されます。これは身体の位置としての割り当てでは、頭、胸、腰ということになるし、脳に対応させると人脳、羊脳、虫脳ということです。天、人、地という言い方もあります。

　グルジェフはこの三分節の一番下の身体性をさらに動作センター、本能センター、性センターと三つに分けました。これに胸の感情センター、頭の思考センターを加えて五つのセンターになります。これが通常の、つまり普通の人のセンターの数ですが、さらに高次な領域として高次感情センター、高次思考センターを加えて、人間の究極の理想の姿として七つのセンターが働くといいました。

　世間とか社会で生きていくには五つのセンターしか必要でなく、二つの高次センターは日常的には発達しないものと考えました。それは個人では所有できないものだからです。

　グルジェフは睡眠中の夢については重視していません。というのも眠っていると、それぞれのセンターの連結が外れます。ばらばらになった部品は、起きている時には他のセンターとつながっており、すると、かなり無理がかかります。ですから、睡眠している時間はそれぞれのセンターが好き勝手に休憩したりメンテナンスしたりチャージする時なのですが、

その時に、どこかのセンターの活動の情報漏れが生じてそれを夢だと考えたのです。

そもそも、意味とか情報というのは、二つ以上の異なるセンターが関わりその落差によって発生します。単独のセンターはそれ自身の性質の中に埋もれており、新しい情報が発生することはありません。夢を見る時も単独のセンターが何か漏らしたというよりは、他のセンターとの関係は発生するはずですが、ただ本人の意識は眠っているのですから、目的意識が働かず、偶発的で無作為に見えるのです。

この眠っている時にはそれぞれのセンターがばらばらに働くということについて、ルドルフ・シュタイナーの考えを組み合わせます。

シュタイナー説では人間は死んだ時肉体からエーテル体が離れます。エーテル体とは魂魄の魄という部分です。次にこのエーテル体からアストラル体が離れます。アストラル体は魂魄の魂の方です。次にアストラ

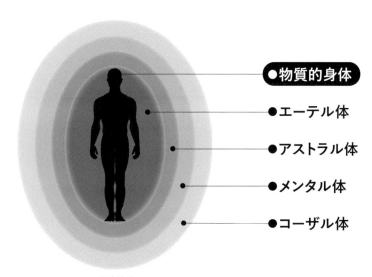

霊魂魄肉

ル体からメンタル体が離れます。メンタル体は霊魂の霊の方です。つまり霊・魂・魄・肉体が順次分離するのです。

　人間の自我が肉体レベルで作られていると、つまり一部の脳科学でいわれているように脳神経とかが思考活動などを作っているような構造だと、死んだ後にその人は存在しなくなり、エーテル体、アストラル体、メンタル体はその人とは無関係なものとして生きています。それらは無意識的なところでの本人なのだといっても、死んだ後にその人は再生することは二度とないので、あまり気休めをいってもしようがありません。

　死と違って睡眠の時には、エーテル体は肉体から離れることがなく、アストラル体がこの肉体プラスエーテル体から離れて行くことになります。死んだ時にはエーテル体は離れますが、睡眠時にはエーテル体は離れません。離れてしまえば、その後、肉体に戻って来ることができません。

　ずっと昔、富士山のそばの青木ヶ原樹海では、毎年秋に自衛隊が自殺者の死体を探して回収するという話を聞きました。だいたいいつも数十体見つかるということでしたが、自衛隊員が青木ヶ原樹海の中で迷わないようにするために色つきの荷造り紐を伸ばしてあちこちの樹に引っかけ、戻り道がわかるようにしておくのだそうです。エーテル体はこの色つきの荷造り紐のようなもので、エーテル体は肉体とアストラル体をつなぐ紐なのです。

　また、シュタイナーは自我がアストラル体に書き込みをできないのならば夢にはあまり意味がないといいますが、たいていの場合、自我のある場所を意識ある本人というのですから、自我がアストラル体を追跡できないのならば、個人として夢は何ものにも貢献しない体験となるでしょう。自我とは意識し、記憶する働きです。あるいは意識の連続性を作ります。

　実をいうと、意識しているというだけで、書き込みをしています。見

ているだけで現象を改造しているというのは量子論での議論のようです。シュタイナーがいう肉体とエーテル体とアストラル体とメンタル体がおのおの分離するというプロセスは、グルジェフのいうおのおのセンターがばらばらになるということと全く同じことを語っています。

　グルジェフのいう高次な感情センターは、おおよそアストラル体と似た振動の意識です。また高次な思考センターはおおよそメンタル体と似た振動の意識です。この二つの高次なセンターは、個人性がなく、個人から切り離されています。ですから、個人が個人活動の中でこの二つのセンターを発達させる可能性はまずありません。それは最初から完成されており、個人がこの二つのセンターから何か情報や印象を受け取りたい時には、個人の側がこの二つのセンターに対して開いていく、順応す

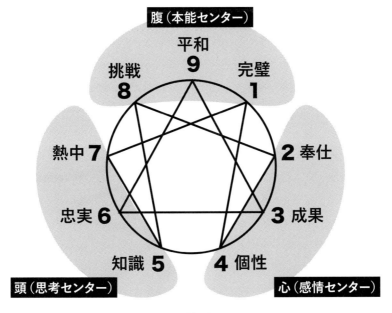

エニアグラム

る、自らの姿勢を捨てる、言いなりになるということが必要です。

　最近、私が気に入っている言い方としては、個人としての主観を取り除くと宇宙意識に参加できるというものです。客観意識あるいは宇宙意識とは高次な感情と高次な思考であり、それ以外の五つのセンターは主観を示しています。

　五つのセンターで生きている人、言い換えると思考・感情・身体の三分節で生きているのが普通に見受けられる人のことであり、七つのセンターで生きている人とは宇宙につながった普遍的存在、つまり、私が言うところのアントロポースということになるのです。高次思考センターとは連結されていないが、感情センターとはつながっている人もいます。こういう場合、その人は、自分は宇宙や神から生かされていると感じることが多くなりますし、チャネラーや見霊者になったりすることも多くなります。

　日本にあったミトラ教では、指導者となるべき見霊者は、空中にホルスの目のような形をした横長の物体を見るといわれていましたが、これは今でいえば宇宙人の母船です。

　眠ることは死の小さな模造です。したがって、眠った時にまずは肉体

ホルスの目

が死体のように動かなくなり、この段階で、エーテル体はシュタイナーのいうように肉体から離れることはないのですが、しかし肉体から大きく伸びて、エーテル体独自の意識活動が始まります。

　この言い方は誤解があるので、言い直すと、継続的に活動しているエーテル体に意識が同調を始めるということです。するとエーテル体が非常に活発に働き始めたかのように映るのです。意識がエーテル体に移動して肉体から遠ざかると、肉体と密接に結びついた感覚情報を意識が拾い上げることはなくなりますから、実際に自分の身体がどこにあるのかさえわからなくなってきます。この段階で、肉体に依存して意識活動や自我を形成している人は意識喪失し記憶は何も残りません。つまりその人は不在だからです。

　高次感情としてのアストラル体と、高次思考としてのメンタル体はともに個人からかけ離れているとすると、エーテル体とは、個人としての肉体的存在、すなわち、五つのセンターを封入した個体と、非個人的なセンターをつなぐための役割となり、個体の存在する特定の時空間の一点につながりつつ、広がった時空に伸びていくものとなります。これはなかなかに矛盾した話です。「有と無をつなぐとは一体、何だろう？」という話です。

　エーテル体が肉体に最も接近した状態は身体の外側3cm程度のサイズの身体になるといわれます。眠ると身体感覚から離れ、つまりは個体とか肉体に関心を失い、エーテル体は身体から外にどんどん伸びていきますが、これは空間的に伸びていくとともに、時間的にも伸びていき、過去や未来にいくと考えてもよいかもしれません。

　エーテル体が肉体につながりつつも、肉体から遠く離れて働くようになった後、意識はアストラル体、メンタル体に同調するようになります。カバラの思想であれば、肉体はどんな高次な意識にもつながっていない。

しかしエーテル体は、アストラル体、メンタル体、さらにはブディ体などの台座になり、それらと連絡することができるのです。
　このいろいろな段階の意識に夢が同調するようになるのを、私は夢の三つの、あるいは四つのフェイズと考えます。人はどうして夢を見るのかというのは、人は複数の中枢、あるいは意識、あるいはセンターで作られていて、眠っていると、このいつもとは違う意識の活動に移るからです。身体が死んだように動かなくなり、身体に遠慮しなくなった段階でのエーテル体、アストラル体、メンタル体の活動が夢となるのです。しかも三つ、あるいは四つのフェイズがあるので、あちらに行ったりこちらに行ったりなかなか複雑で、夢の世界というふうに、一言で括れないこともあるのです。たいていの人が体験することだと思いますが、夢の中で眠り込んで、さらに夢を見て、さらに夢を見たりします。このマトリーシカのような構造は、夢が三つあるいは四つのフェイズを持っているからです。
　グルジェフのいう通常の人間の思考、感情、身体という三つのセンター、あるいは身体を動作、本能、性センターの三つに分けて五つのセンターとした時、これらはすべて個人と結びついたものです。
　個人とは、肉体を持った「いま、ここ」にいる生き物で、個人を証明するのはまさに身体を持つことですから、つまり五つのセンターは肉体の働きと結びついています。思考や感情は脳が作り出すというのは言い過ぎですが、しかし個人は脳との結びつきの中で思考したり感情を持ったりします。
　脳から発信されるものは何もありませんが、脳は受け皿として働きます。それは放送局でなくラジオやテレビのような受信機だということです。この個人性を持ち、身体と関係した五つのセンターが睡眠時には連結が外れ、ばらばらの部品がメンテナンスされている状態という点では、

思考・感情・身体の総合の働きが人間ですから、どれかの部品が何か情報を出した時には、そこに何か意味あるものが出てくるように見えません。だからグルジェフが夢にはあまり意味がないといったのです。これは物理的に生きている個人としての価値観や考え方、思考の方法などから見ると、特定のセンターが発する情報としての夢は性質が違うというだけの話です。思考と感情が結びついて何か活動しているが、身体が切り離されているとか、あるいは感情と身体が結びついて何かいっている。しかしそこには思考が介在していないなどはあり得ます。

　しかしシュタイナーは、肉体が眠った後エーテル体知覚に移動するという最初の段階で、既に非物質的、非個人的な段階の話に突入します。グルジェフの定義では、二つの非個人的な高次のセンターは、たいていの人はそれを持っていないということなので、眠ったらすぐにそこにつながるというふうには解釈しません。

　グルジェフのいう、眠った後にはおのおのセンターが独自の働きをしているというのは、いわば眠っている時にも胃は消化活動をしているというようなものです。肝臓は眠っている時間に修復をしています。

　私達は目覚めている時に、身体の中の活動の情報は遮蔽されており、その知らせは上がってこないようにできていますが、眠ってしまうと、この封印作用を持つ関門が解除されてしまい、身体内情報がそのまま垂れ流し的に上がってきますから、消化しにくい食べ物を消化しようとして胃が怒っている、などという情報もそのまま夢に出てくるでしょう。

　私は2018年の前半に、マラソンのしすぎで大腿骨の疲労骨折を起こし、最初はあまりの痛みに歩くこともできませんでした。3か月くらい消炎鎮痛剤のロキソニンを飲んで、何の治療もせず放置しているといつの間にか痛みはなくなり、歩くこともできるようになりましたが、眠っている時には、右の大腿骨あたりの痛みが疼きます。しかし目覚めている時

には、この痛みを全く感じません。目覚めていると体内情報は遮断されるのです。

　眠った初期段階では、身体のストレスが上がってきたのが夢だと考えることもできるのですが、シュタイナーがいうエーテル体に移行した段階では、こうした肉体に関連した個人の情報は、たいていの場合、取り除かれており、夢の中にそれが上がってくるケースは減少するでしょう。

　エーテル体は肉体情報を拾うことはない。しかしエーテル体知覚に移行しきる前に、身体内部の情報を遮断していた関門が開いてしまうと、身体ストレスも拾うということになり、これはエーテル体知覚と肉体知覚の区別をはっきりさせていない時には、あるレベルでは混乱したかたちで意識に上がってくる現象を作り出すのではないかと思います。

　死んだ場合でなく眠った時には、エーテル体は肉体とは切り離されていないのならばエーテル体は肉体の情報を拾うことがあるのではないかと思うかもしれませんが、そもそもエーテル体は肉体よりもはるかに振動が高く、優位にあるものなので、エーテル体は肉体に気を使う気もなく、まず肉体から上がってきた情報をほとんど重要なものだと考えていません。ただし内臓はそれぞれ惑星と共鳴しているという考え方があります。

　例えば、腎臓は金星と共鳴しています。この場合、エーテル体は腎臓の物質的要素を取り除き、金星と連動した部分の情報のみを拾うことになります。夢の中で若い女性が出てくると、私はそれを金星メッセージとみなします。老人が出てくると土星という単純な当てはめです。

　腎臓が疲弊している時、顔色の悪い女性が登場してくるかもしれませんが、これはエーテル体がそこに目を向けてその情報を伝えようとしているのであり、その気がなければ腎臓がいかなる状態になっても、その情報をエーテル体は拾いません。主導権はエーテル体にあり、肉体ある

いは肉体自我にあるわけではないということです。

　エーテル体が肉体に一番近い場所で３cm程度といいましたが、もちろんエーテル体は肉体の中を貫通しています。臓器はエーテル体要素が強いものもあれば、ほとんどが肉体であり、エーテル体の比率の少ないものもあります。

　例えば、排泄器官が霊的な要素、すなわちエーテル体の要素が多いと、肝心の排泄するべき物質の切り出しができなくなってしまいます。しかし、眠りが深くなると、やがてエーテル体はこの身体に関係した領域に関心を失い、それを放置したまま、身体の外にどんどん拡大していきます。人が死んだ時と同じプロセスを辿るということでいえば、寝入りばな、また起き際などではエーテル体は肉体に近い情報を拾うことが可能なのではないでしょうか。

　つけ加えておくと、身体の中の臓器はミクロコスモスで、天体などはマクロコスモスであり、マクロコスモスとミクロコスモスは鏡に映すように共鳴しているので、臓器情報はマクロコスモスの受け皿として働いた結果もたらされるものです。臓器がこのマクロコスモスの受信器として機能するのでなく、身体内の特定の小さな臓器としての癖とか主張を始めるとエーテル体はだいたいそれを無視することになると思われます。エーテル体は局在と非局在をつなぐものであり、部分的な局在性の主張を減じることで非局在性に導こうとするので、あまり小さなことを聞き入れることはないでしょう。

　肉体が眠り、意識活動は肉体から離れていくということだけで、既に、グルジェフのいう普通の人の思考・感情・身体という三つあるいは五つのセンターから離れて、主観を取り除いた高次の感情、高次な思考に向かうというのがシュタイナーの考えです。

　シュタイナーの説明に問題があるとすると、シュタイナーは高次な感

情に対応するアストラル体、高次な思考に対応するメンタル体を、通常の三つのセンターの中の感情と思考とも区別しないで説明してしまう場合があるということです。シュタイナー自身がこれを混同していることはあり得ないのですが、説明する時にはっきりとさせない場合もあるので、多くの人が混同し、人間の個人的な感情はアストラル体なのかと誤解したりすることもあるのです。三分節の思考、感情、身体は個体の中にあるか、あるいは個体と結びついており、アストラル体は非局在なので身体の中にありません。

3　振動密度の高いものを対象化できない

　世の中に出ている書物の中には、夢をコントロールするということを書いたものもありますが、基本的に私達には夢をコントロールすることはできません。

　シュタイナーはアストラル体に書き込みをするといいますが、これは単に記憶するということで書き換えが生じます。

　私達はすべてを記憶していることはできないので、一部のみ記憶している時に、それを「編集」といいます。編集とはリライトも含み、書き込みしていることと同じです。私達は都合のよいことしか覚えません。つまりは内容を書き換えしています。

　私達は夢のきれぎれの記憶を思い出すこともあれば、完全に忘れることもあります。ときどき思い出してみたり、また失ったりと、夢はなかなかあてになりませんが、これは夢があてにならないのではなく、それを受け止める私達があてにならないのです。

　放送電波がいいかげんなのでなく、受信機がデキが悪いのです。脳の働きなど身体性に依存して知性や思考力を形成すると、いわば動体視力が弱すぎて、高速で働く意識のごく断片しか見えてこないと考えるとよいでしょう。夢は全部を記憶する必要はありません。一部だけでも覚えていたら、それで十分だと考えます。書物を１冊持ち歩くのでなく、要点のみ３行をメモしているようなものですが、自動的な編集というのはその人の目的に関連するか重要だと思えるものだけを記憶するようにできています。

　意識の振動差については、他の私の著作で定番的に持ち出しているグ

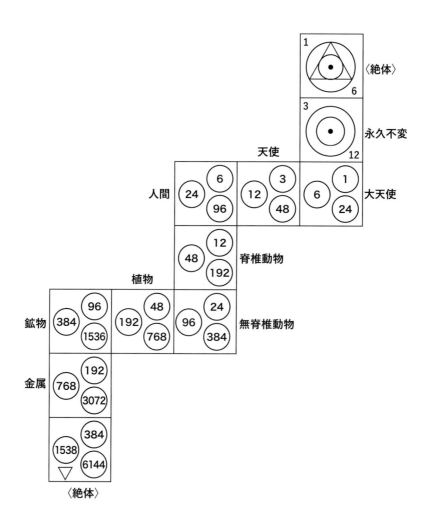

生きとし生きるものの図

振動密度の高いものを対象化できない

ルジェフの振動密度の話をします。数字が少ないほど振動が高く数字が多いほど振動は低くなります。振動の高いものは物質密度が低く、振動の低いものは物質密度が高くなります。

　私達の目覚めた日常の自我は基本的にH48で働いています。これを通常の思考のスピードといいますが、思考というよりも印象活動の振動と説明した方がより正確かもしれません。物質界とは、この私達の印象活動においてはっきりと対象化できる世界のことを表しています。思考、感情、身体という三分節においては、身体の一番上にある思考がこの速度で働いています。

　自分よりも振動が低いものを対象化できるが、自分よりも振動の高いものは対象化できず対象化されるという原理からすると、H48振動の私達には、火96とか空気192、水384、木768、鉱物1536、金属3072などは対象化して、目の前に見ることができます。物質という定義はとても難しいでしょう。というのも、私達からすると、見えるものは物質ですが、より高次な振動に生きている存在からすると、私達の思考も、岩のような物質として対象化されているからです。つまり固定的に物質と定義できるものはどこにもなく、ある振動の意識から見て対象化可能な印象のすべてを物質と定義することになります。精神と物質の境目を考えるにしても、存在状態によって境界線が前後するということです。

　人間よりもはるかに高度な生物の話だけでなく、同じ人間同士でも見えているものは違うことも多く、エーテル体を物質として見ている人もいれば、それを気配としてしか感じない人、さらには気配さえも感じない人もいます。

4 専門家的悟りの物質

　ジョン・C・リリーはH24を「専門家的悟り」といいましたが、通常の思考H48からすると、これは極めて高速で、私達の平凡な頭ではその仕組みを理解することはできません。

　ずっと昔、説話社の雑誌の編集長がいつも夜中に編集部にいるので、一体、何をしているのか聞いたことがあります。するとその人は「文章の神様が降りてくるのをじっと待っている」といいました。

　「小説の神様が降りてくる」という言葉は聞いたことがあり、実際に、その昔、一瞬知り合いだった田口ランディさんがそういうことをいったのを覚えています。

　通常の知性では伺いしれない鋭いアイデアを得た瞬間というのはH24意識、すなわち専門家的悟り意識が働いた瞬間です。低い振動のものは高いものをコントロールできない、意識化さえできないという意味では、通常の知性とか努力で、この小説や文章の神様が降りてくるように仕向けることができず、ただ待つしかなく、降りてくることもあれば、降りてこないこともあるということです。

　しかし、リリーがH24を専門家的悟りと名づけたように、たまたま偶然運がよい時に、小説の神様がやってくるというのでは仕事にならず、専門家にもなれません。

　自分の過去のことを思い出してみると、私は20代のはじめに、梅棹忠雄の『知的生産の技術』（岩波書店）という新書にひどく影響を受けて、ひらがなタイプライターを手に入れました。その数日前には、型紙にキーボード配列を書き指の動きの練習をして2日でブラインドタッチができ

るようになり、それからは毎日機関銃のようにキーボードを打ち、かなり近所迷惑な人になりました。毎日何時間もキーボードを打つと、ある段階で不思議なスイッチが入ります。

　コリン・ウィルソンはこれを「X感覚」といいました。自分は何でも書けるし、わからないことも何でもわかるようになるという確信が出てくるのです。これは狭い場所を無理やり内側から押し広げたような感覚で、強烈な力強さの実感です。

　これが小説とか文章の神様ともいえるような、むしろ知恵の神様ともいうH24意識の訪れた瞬間であり、最初はここに到達するのに何時間もかかるのですが、だんだんと時間が短くなり、十数年後には、タイプライターを打ち始めたら十分程度で、しかも心身のコンディションには振り回されずに訪れるようになってきます。専門家的悟りというのだから、仕事を始めて数分とか十数分でそのモードにならないと使いものになりません。最近の話でいえば、カフェに行きノートパソコンに打ち込み始めるとこのモードに入ります。

　これに慣れてくると、ここからすると日常意識のH48は停滞しすぎており、長くH48状態にいると鬱病のようになってくることもあるし、死んだ気分になってきます。

　精神状態をキープするのに役立ったのは音楽です。音楽の中にはH24や、さらにその上の高次感情センターと同一のH12成分が大量に含まれており、これを聴いて日常意識から飛翔するということができれば、救われた気分になるというものです。

　例えばJ・S・バッハを聴く。するとバッハの音楽の中に、感動的で、喜びに満ちた高揚状態があり、これと共鳴してH12とH24は増えるということもあります。もし、タイプライターを打って超越的なH24意識を獲得するという体験がなく、相変わらず日常の思考速度H48で暮らして

いるのならば、H48は苦しみのない快適な無風状態であり、私のように地獄のようだとは思わないでしょう。

　振動としてH24を頻繁に体験した結果、相対的には低速なH48を重苦しく死んだようなものに感じるようになったのです。これについてfacebookに、以下のようなことを書いてみました。

> H24をインテューション、H12をインスピレーションと分類することもあるらしいが、小説の神様とたとえたH24の意識状態は、普通の言葉のレベルで加工が可能。言葉の羅列の中にエッセンスないしは実体としてH24があるということなのだ。しかしH12となるとまず言葉の加工が難しく、また通常の具体的な言語というものに落とし込めず、かならず象徴言語になる。通常の思考では、それを直接理解できず、説明を求めることになる。イエスの言葉はほとんどがこのH12言語なので、例の一匹の羊の話にしても意味を聞かないと何を示しているかわからない。そしてH12言語はこの説明を決してしない。直接理解しなくてはならないからだが、H12は個人性が除去されているので、その点で個別なケースに落として説明しない内容なのだ。数日前の夢では、H12の創造連鎖についていろいろ話を展開してもらいたいという要求があったが、夢で出てきたら、私はかならずそれを数ヶ月以内にやってしまうので今のところ放置しておく。能動、受動、結果ということでは、H12が能動因子になると、素材はH48であり、結果としての子供はH24だ。H24がインテューションなら、ここでは休みなくインテューションが発生するということだ。多くの場合、インテューションの嵐がやってくると神経的に耐え切れなくなり、脱落を望む。"普通の暮らしがしたい"と言い始める。私がイスラムの礼拝

> 風景が好きなのは、少なくとも日常の生活の中にH12を垣間見る時間を作る余裕があるということだからだ。すると生活の中で、ちらちらとH24があらわれる瞬間がある。たとえきれぎれであれ、それは生きる力だろう。人間の平常の意識速度はH48だが、それは否定的感情を示すH96に飲み込まれる不安を感じている。道を歩いていてもディプレッションの穴はそこかしこにある。しかしH24は必ず打ち勝つ。というよりもH96を食料にしようとする。H96の穴に落ちるのでなく、H96を食料にするとお腹にパワーがたまる。H24が強くなると、だれかとの会話にしても、そこにかならず新発見とか洞察というものを作り出すというよりも、作り出さざるを得ない。グルジェフは生徒が寝ようとするといつも起こした。理解した、I got itとなった直後に、たいていの人は寝ようとする。するとグルジェフは不機嫌になり揺り起こす。自分をキープするにはどうしてもそうなってしまう。私が毎日原稿を書いているのは、ラビのお祈りのようなものだ。

　目覚めて日常の暮らしをしている状態、物質的生活はH48の精神状態です。ここではさまざまな物質を対象化して、モノとして認識します。眠りにつき、肉体の活動が凍結して、エーテル体の知覚に入った時とはH24意識の状態です。

　本来、このH24の速度は、グルジェフの定義だと、動作、本能のセンターの速度です。私達は動作や本能的なもの、考えることをしないで行うものは、たいてい思考のH48よりははるかに速度が速いことを体感で知っています。レーサーが曲がり角を見て、そこで考えて曲がることにしたら、既に彼は死んでいます。

　専門家的悟りのH24とは、思考のH24と考えるとよいでしょう。それ

は身体や感情のH24とは違うもので、従来の三つのセンターの中にはないので、後天的に仕事などでプロになる修行をすることで手に入るものであり、すると思考H48ではなく、思考はH24速度で働くようになるのです。これは個別の言葉の違いを超えて察することのできる人という意味でもあります。この能力は、眠った後、夢の中でも意識を持続する力を育成します。物質に依存しないで空中で働く知性というようなわかりにくい形容もできます。

その後、夢の中で、アストラル体に移動するとこれはH12の速度になり、またメンタル体はH6です。私達の通常の知能活動であるH48は、速度が遅すぎるので、これらH12とかH6の印象活動を意識化できません。

例えば、ヘミシンクなどで記憶が失われるクリックアウトというのがありますが、これは通常の思考はH48速度なので振動の高い高速体験をすると振り落とされてしまい、その部分だけ記憶が残らないということになるのです。夢を記憶するには、意識の速度を上げていく必要があり、何らかの職業で専門家やプロになると、この専門家的悟りとしてのH24の思考が安定して手に入るようになり、結果的にH96の上の方にあるエーテル物質をも対象化するようにもなってくるので、非物質的物質である「気」などを目で見る人も増えてきます。

他の本で説明しましたが、視覚は12感覚の一つにすぎず、人によってはこの視覚ではなくもっと違う感覚で認識する方が得意な場合もあります。必ずしも見えるという必要はなく、匂うということでもよいのです。ですがH24意識は、内的な精神とか感情をまるで物質のように見てしまうということは頻繁に出てきます。

例えば、ある人が我慢ならないほど怒っている時、私は頭から放射状に赤い剣のようなものが間歇的に飛び出している光景を見ます。それを感情として共感せずに、対象化して外部的に見てしまうのがH24思考の

特徴です。共感してしまうと赤い剣は見えなくなり、同じ感情を抱くようになります。

　私達は基本的に夢を覚えていられないし、シュタイナーのいうように自我がアストラル体に書き込みをするなどという、とんでもない技が発揮できないのは、私達の思考が低速で、夢の中で体験するものの多くは比較にならないほど振動が高いので、そこから振り落とされ、内容を取りこぼしてしまうということなのです。

　夢がきれぎれで曖昧（あいまい）で出鱈目（でたらめ）に見えるのは、性能の悪いレコーダーで記録しようとしたら、全部を収録できなかった、バッテリーが切れたり、ベルトが滑ったり、歯車が外れたりしていたということなのです。

5 メンタル体はアストラル体を作り出す

　夢あるいは意識の四つのフェイズは、一番上のフェイズ１がメンタル体でありＨ６。フェイズ２がアストラル体でありＨ12。それからフェイズ３のエーテル体Ｈ24。フェイズ４が物質体でＨ48です。この四つの段階はピュタゴラスのテトラクテュスのようにも描くことができるかもしれません。

　物質はまるで動かないように固いので丸が四つ。四つや十字というのは動きにくいのです。しかしエーテル体は可動性の高い３の数字というふうに見ていくと、物質とエーテル体の違いは、少しはイメージしやすい気もします。

　メンタル体、アストラル体、エーテル体、物質体は宇宙の創造の順番です。ということは、メンタル体が働くとすぐにアストラル体で生まれ

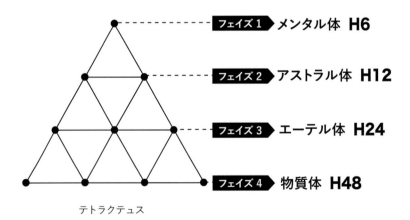

テトラクテュス

るものがあり、その後、エーテル体へと波及し、その後物質的に変化が生じます。

　ヒンドゥーの四つの階層の夢を説明した本を私は40年前くらいに読んだことがあるのですが、ほとんど内容は覚えていないし、書名も記憶していません。しかし奥まった暗いところで根源的な内容の夢を見るということをうっすら覚えています。これは四つの層の一番奥の領域での夢の話です。つまりメンタル体に対応するということですが、この高次思考センターや、恒星意識、大天使などに対応する意識は、根源的な創造力ということに関係します。

　自分の前にあるのはただ暗闇（くらやみ）のみ、仏陀（ぶっだ）が七歩歩いて右手で天を指し、左手で地を指し「天上天下唯我独尊（てんじょうてんげゆいがどくそん）」といったのは、このメンタル体の性質をよく物語っています。自分と比較するものなどどこにも存在せず、何か考えると、そこからアストラル要素が作られていきます。高次思考センターが発達した人は、必ずこの「天上天下唯我独尊」ということを実感し、自分の前にももう誰もいないことを身に沁（し）みて理解します。

　夢の中でフェイズ１の段階を体験すると、まずイメージというものがなく、また色もなく、あるのはただ暗闇だけで、自分の思考や意図というものが、そこで創出されます。この高次思考センターともいえるメンタル体の要素があまり発達していない人は、もちろん、この夢の部分は全く記憶に残らないし、それを見たということさえ自覚できません。そもそもが、これは個人から離れたものなので、個人が見る夢として受け取ることができないものです。

　私がここで強調したいのは、まずメンタル体は根源的な創造力であり、テトラクテュスでは頂点の一つの点にたとえられ、ここから音や色、形、イメージ、さまざまな世界の印象というものが、後に生まれてくるということです。

シュタイナーは神界に行くことで、初めて人はやすらぎを感じるといいましたが、神界あるいはメンタル界は、まだイメージや音、色、形などができていない段階なので、世界との関係性をリセットする作用ともなり、そこに行くことで、人は無(む)になり、いろいろな関係性で苦しめられてきたストレスがゼロ化します。
　根源的にのびのびするには、何もない無の中で漂うとよいのですが、しかしその人にメンタル体の創造力が欠けていると、この無に飲み込まれ、その人は存在しなくなります。つまり、メンタル体は無から有を生み出す最初の一撃と考えるといいのです。
　メンタル体の前にブディ体とか、さらにその先にあるものもありますが、これらははっきりした一撃を作り出さないのでここでは取り上げません。無から有を生み出す一撃となると、一撃しない場合には、その人は無になっていくということです。
　暗闇の中で叫ぶと、その声でうるさくにぎやかだと感じるでしょう。このうるさくにぎやかなものが世界なのです。シュタイナーはメンタル界ではただ音だけがあるというふうに説明していたという曖昧な記憶がありますが、これは正確にいうと、音というよりも音を作り出す七つの法則とか、さらにそれを自由に加工する要素を加えた九つの法則のことを示しています。この七つとか九つの法則が結果として振動差のある複数の物質になると想定すると、これがオクターブとしての七つの音になったりするのです。
　音はかなり初期段階においての物質に違いありません。振動はいくらでも粒子に置き換えられます。

6　皮膚を覆う網目、下位エーテル体

　シュタイナーは、アストラル体は物質世界に対する興味によってどんどん物質化しようとする、しようがないので、アストラル体よりも下位にあるエーテル体が肩代わりして、もともとのアストラル体の場所に移行したと説明しました。

　私はこれを上位エーテル体と考えます。というのもアストラル体が欲にまみれて物質界に行ったにしても、それは一部分の話であり、そもそも本来のアストラル体は元の場所に残っているからです。アストラル体は非局在的であり、非局在的なものが局在としての物質界に向かっても、原理的に非局在は局在にはなりません。上位エーテル体は「霊我」ともいうのですが、これはメンタル体に重なり、メンタル体、上位エーテル体、アストラル体、下位エーテル体、物質体という序列が出来上がります。上位エーテル体は、もともとは下位エーテル体でしたから、ここには共通点とか共鳴する要素があります。

　いくつかの本で私はプラトンの示す惑星グリッドは地球のエーテル体であると説明しました。エーテル体は植物網のようなもので、ビルを取り囲んだ蔦のようなもので物質体から輪郭がはみ出します。肉体に最も近いエーテル体は身体から3cm程度といいましたが、この肉体に近づきすぎたエーテル体が、地球から見ると惑星グリッドや蔦とたとえられるものです。

　東京の大塚でアイソレーションタンクに入った時、自分の身体を紺色の蔦が伸びて取り囲む光景を見て驚きました。アイソレーションタンクは宇宙に飛び出す体験ではなく、むしろ地の底に引きずり込むような印

象があって、これはヘミシンクやQHHT（量子ヒーリング催眠療法）とも違う独特のものがあると思いました。おそらく液体に浸るということが原因です。

そもそも私は液体に浸るということが苦手です。風呂もシャワーは使いますが、湯船に入るのは小学生の頃から既に苦痛で、次の日歩くのも大変なくらいに疲れるので避けるようになりました。ですから、個人的にアイソレーションタンクは下に引きずり込まれる、飛ぶ力を奪われるという印象を抱いたのかもしれません。しかしこれはこれでかなり面白いものでした。目を開いたまま、目の前に鮮やかな映像が出てくるのです。

エーテル体は、本来、身体にぴったり張りつくものではなく、はみ出します。私はいつも滲み成分と説明していました。特に眠った時には、この植物網は太陽系や銀河にまで伸びていきますから、あまりにも大きな滲みです。

しかしアイソレーションタンクの中で目を開いていながらくっきりと見えてきた紺色の蔦は、身体にぴったりと張りついて、増殖するウィルスのように私の身体を覆いました。

前世記憶というのは、たいていの場合、アカシックレコードのどれかを拾ってきた作られた記憶で、それは地球の歴史に合わせて造成された、たとえ話のようなものと考えるとよいのですが、私が紺色のまだら模様の身体を持っていたのは、エジプトからヨーロッパに移動した時で、その時は、しいていえば女性でボディも人間の形とは一部違っていました。知恵の権化、あるいは化身のようなもので、ヨーロッパに移動した瞬間につかまってしまい、その後ずっと幽閉され、幽閉した主はいつも私にご託宣を求めてきました。つまり幽閉された私は仏像のようなものだったのかもしれません。この時代にはまだエーテル的存在というのはたく

さんいたので、似たような存在は珍しくありませんでした。

　紺色のボディは下位エーテル体の中のかなり低い部分と考えてもよいかもしれません。これは蔦がいろいろな曲線を描いており、パズルのパーツの結合を切り離すと、一つひとつのピースがヘブライ文字とかフェニキア文字とかに似てくるでしょう。

　身体を全部このようなものが覆っているとすると、耳なし芳一のような印象です。私がその頃の自分を知恵の権化、あるいは化身といったのも、身体は文字の密集したものでできており、文字を吸い文字を吐き出していた生物で、食事も文字を食べているというような存在だったからです。エーテル体がメインの生物とはだいたいこんなものです。

　メンタル体はロゴス、意図、概念を作り出す力だと考えてみるとよいでしょう。これはたとえとしては言葉を生み出しています。聖書の『創世記』で神は天と地を分けたと書いてあります。すると天と地を分けた世界が生まれ、この思考の中に私達が住む世界が生まれてきます。

　惑星グリッドは線に交点がありますが、この交点の一つを一つの文字とみなすとよいです。いくつかの文字が組み合わされた空間があり、この空間がアストラル体を作り出します。立方体であれば八つの文字があるということになります。

　上位エーテル体ではロゴスが生まれ、それは文字や数字のエッセンスと考えてもよいのですが、下位エーテル体では、これがアストラル体と物質をつなぐ媒体として機能します。ただし局在から非局在に至るまでの広い範囲をカバーしています。

　私のアイソレーションタンク体験では、ロゴスが、身体を取り囲む蔦の形になって、身体の輪郭を形成したので、これはわかりやすいサンプルだと思いました。

　蜘蛛の巣やグリッドのようなものがエーテル体で、この区画の中にア

ストラル体が生まれます。上位の段階では、メンタル体がロゴスを生み出すと、これがアストラル体を作り出します。

　夢の場合、睡眠が始まると、私達はエーテル体の意識H24にシフトしますが、このレベルの中で考え思うことができれば、眠った後、死ぬことなしに、身体を取り囲む植物網に自我を乗せ換えることができます。それからエーテル体は身体から遠いものへと拡大します。眠る時に、それまで身体に畳んでおいた翼を広げるというような感じでしょうか。H24はH48領域においては不死。またH12はH24領域においても不死。この不死という定義は、自分よりも下位の振動の世界においては、いかなるものにも影響を受けないし風化もしないということです。

　夢の中でH24レベルで自我を継続できたら、惑星世界（H48）領域においては、自我は何者にも損傷を受けない不死の存在となる準備をするというふうに考えてもよいでしょう。不死という言葉は誤解されやすいのですが、私達の今の肉体的な存在性とそれに付随する自我は不死にはなれません。

　秦の始皇帝の夢見たことは荒唐無稽です。しかしH24意識にベースを移し、そこに自我を載せ替えるならば、惑星世界において不死である存在となります。これを仙人になるといいます。

　H48意識は通常の思考であり、この世の印象を受け取っている振動の意識です。自分よりも相対的に速度の遅いものはみな対象化できるので、そこで私達は物質を認識しますが、思考や感情などを視覚化して観察したりはできません。動物磁気や「気」、オーラなどはH96の上の方の振動物質で、光よりも速度が速いものです。これをH48意識はあまり対象化できませんが、H24意識になると速度差が十分にあるので、それらを対象化できて、視覚で捉えたり、あるいは違う感覚でキャッチできたりします。

　アイソレーションタンクの中で見た、私の身体を取り巻く紺色の蔦は

「気」の領域のものですが、特に文字となるとH96の中で、かなりH48に近づいたレベルの振動物質です。対象化できなくなったものを私達は内面にある精神活動と同一視するし、さらに高度な振動のものは超意識と推理します。思考、言葉などは内的なものですが、H24意識ならば、それらを対象化した結果外的な物質とみなすのです。

　H24物質は全惑星意識ですが、エーテル物質（H96の上部）を対象化、つまり乗り物にできる意識で、エーテル体は身体よりも外に拡大します。この肉体よりも外に拡大するボディを自分と考えますから、相対的に思考や言葉などをどこかに凝固した物体として認識します。

　仙人は雲の上に住んでいるとか、最も低級な仙人の位階にいる孫悟空は筋斗雲に乗って旅すると考えられていますが、この拡大していく雲に乗った生体は、エーテル体の肉体を持ち、非局在的存在になったということで、仏教ではこれを「応身（おうじん）」といいます。

　通常の人間は思考と自分を同一化させています。特定の思考とかにしがみついていると、溺れそうな人が藁（わら）にしがみつくように、それ以外の思考がやってくることを拒否するに等しく、小説の神様はやってこないのは当たり前です。「何かアイデアを出してくれ」といわれても他の思考がやってくる余裕などありません。

　H24意識は思考を対象化できる意識であると説明すると、文章や小説の神様がやってくるというのは、思考が身体の外からやってくるということも理解しやすいかもしれません。H24人間は肉体よりもはるかに大きな範囲に自分があって、ここから特定の時空間にある点のような肉体存在に、言葉やアイデアを投げ込むのです。肉体存在としてのH48意識は、H24からするととことん受動的で、自分では何もできないのですが、そこにH24が言葉を投げ込むと、霊感を受け取ったように、その僥倖（ぎょうこう）を喜ぶのです。

7　バイロケーションで練習する

　肉体に依存したかたちで形成した知性H48は思考にしがみつき、自分の外のどこにも行けないし、また物質的世界観から先に進化することもできず、幽閉された精神活動をしていると考えてもよいでしょう。ここから一歩前進するために、睡眠後のフェイズ3で意識を保つ練習のためにバイロケーションを試みるとよいでしょう。

　通常の思考H48とは肉体とともにある知性です。これは自分という主体が自分の身体の頭や子宮や腸などどこかの場所にあり、この主体からさまざまな対象を客体として見ています。

　目の前に人がいて、町があり、工場があり煙突が立ち、マンションがあり、植え込みには花が咲いていて、さまざまな光景が見えます。主体と客体の関係のスタイル、位置関係は硬く維持されており、この関係が続く限りはいかなる変化も起きません。子供の頃から大人になっても、ずっと同じ家に住んでいるようにこの肉体に住んでいて、ここから窓の外の光景を見ています。

　意識が一歩でも肉体から外に出るとH24意識になります。この一歩でも、というのは指1本の距離でも外に出ればということです。主体は身体の中にあり、この主体が身体から外の場所に出ると、それまでの主体と客体の固定的関係は既に崩壊しつつあるといえるでしょう。

　例えば、顔の前面10cmのところに主体が移動すると、その主体はそれまで主体の場所だったはずの顔を客体として見ることができます。これをするためには主体とか自我、意識というものは肉体組織に依存してはいないことを理論的に納得しないと上手くいかないかもしれません。こ

の主体と客体の二極性の関係が崩れていくのは仏教の十牛図では、第八図「人牛倶忘(じんぎゅうぐぼう)」に描かれます。

　唯識論の横山紘一氏によると、この段階で主体と客体が混じり合い、例えば薔薇(ばら)を見ている私と、今度は私を見ている薔薇に入れ替わったりするような事態が生じます。

　この手前の第七図「忘牛存人(ぼうぎゅうぞんじん)」の段階で、個人としての可能性をすべて体験しつくすことで、いよいよ個に閉じこもることに飽きてしまうからです。

　社会の中で野心を満たすなどすべてに成功して個人として燃え尽きたのです。社会で成功者になるのは第七図であり、それを満たすと、第八図段階では、そのことに全くのところ価値を感じなくなるし、どうしてそんなつまらないことに時間を使っていたのか全くわからないと感じるようになります。

　フェイズ４は特定の時空間の中にある物質から見ていますが、フェイズ３のエーテル体視覚では、身体から離れて大きく拡大していく"私"あるいは私でさえないものに自我が広がります。

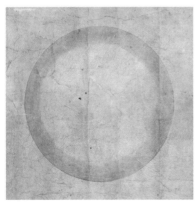

十牛図の第八図「人牛倶忘」

十牛図の第七図「忘牛存人」

故山手国弘氏は身体の外で考え事をしていたので体を壊してしまったということを読んだことがあります。そもそも、身体の外で考えるということをなぜしたかったのかわかりません。山手氏はいつでも変人です。身体を壊してしまった体験から、体内に蓄積された代謝毒を排出する行法を編み出したという話です。
　速読法のフォトリーディングでは、後頭部の後ろにリンゴとかミカンを思い浮かべるというものがありますが、そこに自分の意識を持っていくのも、体外に意識の重心を置くということになり、これらはみなエーテル体知覚に移動することを示しています。これは繰り返すと次第に慣れてきます。
　肉体の外から来た知識というのは、その人が自分を肉体的存在と固く同一視していないからこそ手に入るものであり、つまり個のエゴを超えた状態でないと獲得できません。
　バイロケーションは、まずはターゲットを想像します。
　例えば、マレーシアにあるイスラムのモスクの頂上部分を想像します。そこに自分の身体の周囲にある釣鐘型のオーラの一部から筒が伸びていき、ターゲットに突き刺さることを想像します。肉体よりも少し外にはみ出しているオーラは肉体に近い場所で休止しているアイドリング状態のエーテル体です。
　ここから、太さが1cm程度の筒が伸びていくことを想像し、イメージでターゲットに突き刺さした後はこのまま放置します。この時に頑張る必要はありません。集中したり、熱意を込めたりすることは主体の側の姿勢を強めるだけで、ターゲットと自分の間の壁を強めてしまうだけです。
　ただ最初の段階で確実にターゲットを狙おうとしている時にはターゲットのイメージを繰り返し想像した方がよくて、これは他のイメージの侵

入が多い分、邪魔されないように、ターゲットへの関心を回数の繰り返しによって比率を増やすという姿勢です。想像の回数を増やすことでどうにでもなります。

　バイロケーションの筒はエーテル体でできています。結果として、ターゲットも最初は物質的なイメージで想像できるのですが、相手と正確につながった場合に型崩れします。これは事物でなく、その本質としての生命に、すなわちエーテル体に接続することになり、生命の形はもともと物質的に整った形ではないのです。

　特にターゲットが人物の場合には、肉体の形でなく、オーラのようなもの、ある程度は無形で、岩のような滝のような森のような、何とも表現しようのない形態が迫ってきます。この形を見ていると、その色とか形の特徴から、その人の想念とか姿勢などがわかります。

　双子座の言語感覚が発達している人は、この時に言葉が聞こえてくるでしょう。乙女座の視覚意識で見た場合には、この何ともいいようのない形が見えるということです。12感覚のどれで受信してもよいでしょう。ターゲットの相手が異次元につながっている時には、形の中に開いた穴とか、その穴はどこまでも遠くに伸びたトンネルのようだと思えることもあります。

　じっと見ていると一緒に吸い込まれます。この無形のものの中に、金属的な機械がちらっと見えることもあります。機械のような緻密な形は大抵の場合、本人が人為的に作り出したもので、この人為的に作り出したものがエーテル体に刻み込まれ、自動化して働くような装置になりました。

　物質体は形骸とか死物であり、生命はエーテル体の方に本質があります。ですので、エーテル体のバイロケーションで見る対象も同じレベルのものであり、ものの形でなくその本質を見るということであり、対象

のイメージが型崩れして異様な形態になった時、それは正しい接触をしていると考えるべきでしょう。

　想像力でエーテル体の筒が対象に突き刺さったままだと思ってそのままにしておくと、ワンテンポ遅れて、ターゲットからの情報がなだれ込んできます。ターゲットからの情報であると思うのは、このやってきたイメージは明らかに自分のものではないという異質な実感があるからです。自分の方から相手に積極的に飛び込んでいる段階では相手に自分の抱くイメージを押しつけ、まるでそれ以外は受けつけないとでもいうような状態ですが、受信段階になったら、このイメージは確実に壊れて違うものに変化しますが、たいてい、その時、驚きと違和感があります。この驚きが強いほど、正確に接触したのだといえるでしょう。

　私の場合、ターゲットに突き刺した段階で、自分の足場がなくなってしまい浮遊するような状態になります。ターゲットからもたらされる情報とか圧力、印象が強すぎて、結果的に自分がいつもの場所から違うところに押しやられてしまうという印象です。これはそれまでの自分という足場から、ターゲットとの関係性でできた足場に移行する経験です。

　自分の主体の足場をしっかりと保っている間は、自分以外のいかなる情報も入ってきません。自分から見たところの外部。それは自分以外の何者でもなく、ガラス越しに外を見ているようなもので、いわば妄想です。

　実際に、何か外部のものに興味を向けると、その段階で私達は自分の足場を失い、自分の位置がわからなくなります。こうしたことは日常的に体験している人は多いでしょう。つまり、何かに夢中になって自己喪失して、自分の場所に戻れなくなっているというのはよくある話です。この場合、自分と対象との関係性の上に、新しい自分の足場を構築するのがよいのです。

8 「15悪魔」のカード

　バイロケーションとは、結局、主体の位置を自分の身体から外に置くことなのです。エーテル体は局在的な肉体から非局在の意識へと長く伸びた橋ですから、エーテル体に意識が移るというのは、肉体のある場所に住んでいた主体が身体の外のさまざまな場所に出ていくことを意味しているのです。それは近くであることも、また遠くであることもありますが、いったん外に出てしまうと近くでも遠くでもあまり違いはありません。

　これは十牛図の第八図「人牛倶忘」の体験です。ただし主体の丸ごと全部を外に移動させるのでなく、お餅をちぎるように、主体の一部を外に移動させることになります。

　この段階でリアリティは複数化しますから、マルチコスモスに移行していることにもなります。主体の全部移動ならばマルチコスモスにはなりませんが、部分的なものが移動するというのは自己の分裂でもあるので、多様な景色が重なって見えるということもあります。この一部移動はタロットカードでは「15悪魔」のカードに描かれており、「15悪魔」のカードが要求しているものとはバイロケーションの練習です。

　これに習熟すると、今度は自分

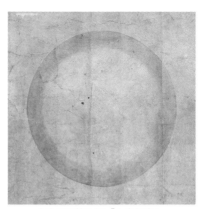

十牛図の第八図「人牛倶忘」

を丸ごと外に飛び出させる「16塔あるいは神の家」の段階になります。「15悪魔」のカードはそこまで本格的に飛び出すのでなく、自分の一部をちぎってターゲットに突き刺すのです。

　「15悪魔」のカードについては、タロット占い師の一部の人は、性的な行為とも関連づけるかもしれません。もし、その場合には、これはほとんどのケースで男性の側の性と思われており、男性は精液を外に出しますが、これは自分の主体の一部を外に漏らしていく行為そのものです。

　特に意欲を込めて本気で取り組むと、この主体の外部移動はより比率が高くなり、主体移動がより強力であった時には一瞬気を失うような状態になるでしょう。文字通り「気を失う」のです。つまり、これは自分を失う行為でもあるのであまり気軽に考えない方がよいといえます。

　バイロケーションの場合、一度、主体をターゲットに突き刺すと、直後から受信状態になり、ターゲットの側が本人に襲撃するように飛び込んできます。ご縁ができた以上、もう逃げ出せないよというような働きかけです。

　男性の精液の射出もその後、受信状態へと切り替わっているのですが、そのことにあまり気がついていないのかもしれません。たいていの場合、

　　　「15悪魔」　　　　　　　　　　　「16塔あるいは神の家」

射出した後は虚脱状態が訪れますが、それまでの自分の欲求や意欲、欲望などが外に出て行ってしまうので空き家になるのです。虚脱とは実際には受信状態に切り替わったということなのです。

　女性の場合、肉体的には最初から受信状態になっており、しかし男性と同じ外部への射出は身体性よりも少し振動密度の高い感情面で行っているので、大まかには男女の違いはないのではないかと感じます。「15悪魔」のカードは両性具有のバフォメットが描かれており、男性と限定していません。

　悪魔の身体のあちこちから外部への筒が伸びますが、身体の上で外に出ると、下の方では受容的になったり、下の方で外に出ると、上の方で

バフォメット

は受容的になったり、総量はあまり変わっていないようにも見えます。

　描かれた悪魔には身体のあちこちに口があります。口とは食物を入れるか、あるいは声を外に出すかで、つまりは外との接点、扉です。

　人体では額、目、鼻、口、耳、喉、胸、臍、性器、肛門などあちこちに口があり、その場所によって性質が違います。カメレオンは口から舌を出して獲物を捕まえますが、見えないエーテル体では臍などから舌が出ます。性器は外部の人間とつながることで、個体としてのバランスが崩れてしまい、相手と混じったところでの新しい自分を確立しないことには流動的な存在になってしまいます。

　外との扉は、いつでも個体に危機をもたらす可能性のある場所だといえます。口も腐ったものを食べると死んでしまうこともあるのです。自分を安定して維持するには外との扉はない方がよいのです。しかしそうなると、新しいエネルギーを取り入れることができなくなり、発展や拡大の可能性もなくなり枯渇します。ですから、たいていは自分を失わない程度に小さな口を開けて、外から少しずつ栄養分を取り込むのです。

　私達は毎日何かを食べていますが、その時、食物が元気な場合には、相手を懐柔できるかどうかの戦いをしており、その激しい戦いは体内で行われ、この状況を本人には伝えないように神経情報が遮断されています。この情報が上がってくると、あまりにも激しすぎて、それに気を取られて私達は他に何もできなくなってしまいます。

　「15悪魔」のカードでは真ん中に悪魔がいて、その下に鎖につながれた二人の子分がいますが、上位にある意識は、自分を陰陽に二極化することで下の次元に降りていくという原理を表しています。両性具有のバフォメとしての悪魔は自分を男女に二分することで人間の世界に墜ちたのです。この自分を二極化することで下の次元に落ちるというのは、主体を割って外部にバイロケーションするということとおよそ同じことで

す。
　どんなものでも自分とターゲットを結ぶと、その段階で自分と対象の間に電位差のようなものが生まれ二極化します。二極化されたものの間には差成分としてのエネルギーが発生し、それが特有の知覚、情報を発生させます。
　私達は生きている間、何か仕事をしたり、結婚したり、子供を育てたり、事業を立ち上げたり、家を建てたり、旅をしたり、道でつまずいたり、ヴュッフェに行ったりしますが、これらは自分をターゲットに割っていく行為であり、この関係性の上に自分が作られていくと、今度はターゲットとの関係が失われた段階で、それまでの自分が危うくなります。
　10年可愛がっていた猫が死ぬとペットロスでそれまでの自分が失われていくのです。臍のあたりから見えないシルバーコードがターゲットにつながっており、これは「15悪魔」のカードでは、悪魔と手下をつなぐ紐として描かれていますが、たいていの場合、無意識にたくさんの紐が臍、あるいは背中につながっています。臍から背中に移動するものは自動化、無意識化されたもので過去のカテゴリーに収納されています。自動化して忘れても絆(きずな)が続くものが背後に回されるのです。あちこちに伸びた紐がエーテル体としての蜘蛛の巣やグリッド、蔦です。
　たくさんの紐のグループを「知覚の束」と呼び、これらの電話網のような集合で私達の知覚システムが構築されていて、この模造として、身体の中に身体中に細かく伸びた血管のシステムが作られています。外に広がった紐の群と、内部の血管はほとんど同じ構造で、一部の血液が行き来できなくなり滞留すると、知覚に欠損が生じます。
　エーテル体そのものに意識を向け、エーテル体知覚の独立ということを考えた時には、それぞれの糸のターゲットとの結びつきでなく、この関係性上の紐そのものを独立させて考えるとよいでしょう。それは物質

的生き方よりも上位にある知覚です。物質性とは糸のもとと先の関係の固定性を表すのです。しかしエーテル体知覚ということを重視するならば、例えばインターネットの先にはたくさんのパソコンがつながっている。この個々のパソコンに目を向けるのでなくネットワークを主体にしていくことです。

　誰かに対して愛着がある。その時、相手と自分の間に紐があります。しかし愛着そのものは具体的なターゲットにあるのでなく、紐の上に成り立っています。

　例えば、猫をかわいいと思っても、猫は誰にとっても普遍的にかわいいものではありません。猫をかわいいと思っているのは特定の人だけです。かわいいと感じる気持ちは、その人の持ち物であり、この気持ちや印象を保つために、具体的な落としどころとして、どこかの1匹の猫とつないでいくのです。この1匹の猫はかわいいと感じる感情を維持するための足場となり、この1匹の猫そのものに重要性があるわけではなく例の一つです。ですから、この猫が死ぬと次の猫を探します。

　エーテル体を感情の網目と考えてみると、いろいろ感情の足場として、世界のいろいろターゲットとつなぐことになります。自覚ある人ならば、ターゲットが死んでも、このつながりの紐の持つ意義は損なわれることなく、紐そのものが単独で維持されていきます。

　例えば、大切な人が死んでも、その思い出は胸の中にあり、胸の中にその人は住んでいるという言い方があり、よくドラマでそのようなセリフが出てきます。この場合、大切なのは相手そのものでなく、そこに意味を与えた紐に重点があり、紐の働きそのものを独立させた場合には、紐がある限りずっと相手もいるということにもなります。具体的な落としどころイメージが欲しいのなら相手は同じ鋳型のフィギュアでもよいのです。

胸は心理的な、心の面での口であるので、そこにつながった紐は、ずっと相手との関係性で意義が成り立ちますが、エーテル界においては特定の時空間に縛られないので、つまり時間というものが存在しないので、その関係はずっと継続しています。そこに意味を与えてしまった。その段階で、その関係は永遠ともいえるものとなります。

　物質は休みなく新陳代謝しすぐに損なわれます。しかしエーテル体の紐はもっとずっと長生きします。紐はあるものとあるものをつなぐのですが、これは共通の意味が成り立つものをつなぎます。ミステリーのドラマでよく「（事件の）線がつながった」といいますが、紐は型が同じものを線でつなぐということで、この紐の線上で意識は失われることなく持続します。

　「15悪魔」のカードは、この関係性というもの、自分と相手との紐を作ることを、無意識的にではなく、意図的に行う訓練を示しています。相手よりも自分の方が、振動密度が高い場合には、紐を作ると相手は実際に引き寄せられてきます。そうやっていろいろと手を伸ばしているうちに、その人は地上にがんじがらめになり、旅の一つもできなくなるでしょう。

　単独の独立した私というものを確立するには、このすべての紐を切ってしまうか、あるいは反対に関わったすべてのものを取り込んだ大きな範囲に自分を打ち立てなくてはなりません。

　インドのプーナに旅行した時、オショー・ラジネーシが夜中にプーナの町のサイズにオーラを拡大しているのを見ました。私はこの大きく拡大するオーラの輪郭に触れたくなかったので逃げ出したかったのですが、それは無理でした。つまりオショーはアシュラムの中にいる弟子全員を自分の腹の中に入れてしまっているのです。城壁のある都市があり、この城壁にオショーの顔が刻まれているという光景を想像してみるとよいでしょう。

最初こんなことをしたのは仏陀です。仏陀のオーラは「仏陀フィールド」といわれ、インド全土を覆っているといわれていました。紐を刺すと、この自分とターゲットの線上にエーテル的な意義が生まれ、特定の関係に染まりたくない場合には、この関係性の網目を休みなく拡大して、総合としては無色透明性に近づくともいえます。

　無の反対側にあり、無と似ているものは無限です。多角形は数を増やすと次第に円に近くのです。果てしなく繊維の数を増やすと、それは全体として何もなかったように見えるのです。

　一つひとつの線を一つの感情とみなすと多数の感情体験をすることは線を増やすことですが、数が増えると、繊維の束というよりも煙のようにも見えてきます。蜘蛛の巣のような拡大したエーテル体の知覚網では、具体的なターゲットが重要ではないので、ターゲットはいつでも猫を取り換えるように変わることもあります。具体的な事物との個別の関係を考えるのが物質界であり、エーテル界以上では型共鳴で成り立つので、一つひとつの個別の物質の関係にはこだわりません。

　同じタイプならば取り替え可能という時に、人によってはこの型共鳴の範囲が大きい人もいます。猫を飼う時にロシアンブルーでないとだめだと思う人もいれば、猫なら何でも同じと考える人もいるのです。

　オーラを広げすぎた場合の危険性は、抱え込んだ内部の細胞に異変が生じた時自分の土台が揺らぐことですが、紐そのものに知覚のベースを置くと、実際の異変はほとんど影響を及ぼさなくなります。細胞は新陳代謝するのです。

　コンビニのオーナーが、ベトナム人の学生が仕事を辞めるのなら、代わりに友達を連れてきてくれればよいというようなものです。

　話を戻しますが、バイロケーションをたびたび体験することで、ターゲットに心奪われることなく、紐にある自我意識というものを抽出でき

るでしょう。それは抽象的であったり概念的であったりしますが、間違いなく生き生きしています。

　エーテル体を生命体と翻訳するのですが、「15悪魔」のバイロケーション練習をすることで、夢の中に滑り込み、意識ある活動ができるようになります。

　夢の体験とは、紐の先に物質があるのではなく、紐の意味を維持するために、ターゲットに適当なイメージを引き寄せるのです。それは物質に比較すると思い切り軽いので、あっという間に変化したり消えたり、また違うものを引き寄せたりします。

　物質は鉱物を含有しており動かず変化しにくいものですが、夢で使うイメージには金属や鉱物など含まれていないので、あっという間に姿を変えてしまいます。意識はそもそも何かに射出しないことには機能しません。ですから、紐はある場所とある場所をつなぎ、ここに交流が生じることで意識活動が成り立ち、この意識を断絶させないためには型共鳴として似たものをつなぐ必要があるのです。これらを繰り返していくうちに、エーテル体の自我が形成され、これは物質に対して優位に立つ、物質に対して不死の自我が作られます。

　物質界に対して不死であるというのは、特定の物質には一切依存しないで意識を保つことができるという意味なのです。地上で天変地変が起きても、何一つ動揺しないでしょう。となると夢で明晰（めいせき）な体験をし続けることで不死の意識を獲得するというのは、無理な話ではないことがわかります。

　最終的には、煙のような身体が出来上がります。眠る時に、エーテル体は肉体から離れることはないが、肉体から外に広がっていくのです。外に広がるという時、漠然と何もないところに広がるということはありません。それは抽象的であれ、何かに向けて網を投げています。漁師が海

に網を放り投げると、この中に魚が引っかかります。相手は人もあればモノもあり、また宇宙だったり、一つの言葉だったりもします。

　エーテル体のバイロケーションは、何かのターゲットに向けて投射するのですが、関係性とはどちらが主でもないということからすると、自分から自発的に何かに向けて投射しているのか、それとも相手が呼んでいるのかわかりません。また型共鳴としての通路がない場合には連絡がつきません。通路がないものに対してはまず関心を抱く、というより思いつくことさえできないので、最初から最後までそれはなかったものに等しいでしょうし、まかり間違って通路を作ってしまうと自我の存続の危機がやってきます。

　古い時代に忘れられた筒もあり、新しい通路を作ったと思っても、実は、忘れられた通路を復活させただけということがほとんどです。

9　入眠時のイメージ

　エーテル体は紐であり、それは自分と何かターゲットに結びついているものですが、ここでエーテル体に自我を乗せていくと逆転が生じ、紐を呼び出すとその先にターゲットが付録していくということになります。
　以前、自分の身体から1本の銀線が伸びていて、それが何につながっているのか確認したかったので、紐を思い切り引っ張ったら、知り合いの男性の叫び声が聞こえました。そこでこの銀線は何との関係なのかわかったのです。つながりはたった1本の線程度のものなのかと考える必要はありません。紐を拡大すると、この1本のファイバーケーブルは中心線に対して、反対方向に走る皮膜があり、中心線に対して90度の角度で回転しており、まるで太陽系のように、中心線の太陽に対して回転する惑星のようなものがあります。
　紐を一次元的なものと考えた時に、この紐に巻きついた三次元世界があるようで、12の区画があるとすると、この区画に情報を書き込み完了することで、紐の先の具体的なターゲットとの関係が切り離され、紐は独立して存在するようになります。
　具体的な相手との具体的な出来事の記憶は周辺皮膜にストックされると、中心には抽象化された意味が保持されるようになり、中心の力が優位になることで具体的な関係性や記憶は必要がないとみなされます。一本の紐にも深入りすると細かい情報がたくさん詰まっていますが、いずれにしても、エーテル体以上の世界ではものの大小には騙されてはなりません。
　肉体に重なった意識は、眠る時に、まずリラックスして感覚が肉体輪

郭から離れ始めた段階で、身体の周囲にある物質的映像とか感覚情報とは違うものを受け取り始めます。というのもエーテル体が中心であり、ターゲットが重要なわけではないので、紐に意識が移行すると、今度は自動的にその先の映像が引き寄せられます。

　知覚意識が肉体から離れると肉体ではない何か違うものに寄っていきますが、何もない中空にいるということはまずありません。何もない中空にいると思ったら、それは何もない中空ふうの何かなのです。この寄っていくもののイメージが徐々に迫真的になっていきます。

　紐がターゲットの映像を引き寄せているのか、それともたくさんの紐が繊維になって、何かのフォルムを作り出しているのかという点では、両方成り立ちます。紐が組み合わされてそこに空白ができるとアストラル体が降りてくるし、一つの紐は具体的なターゲットを引き寄せもします。

　特定の次元の陰陽が一体化し中和になると上位の次元が降りてくるという原理がありますが、エーテル体のプラスとマイナスが衝突すると、そこに一つ上の次元のアストラル体が降下してきます。エーテル体の紐はたくさんありますから、眠る時にどの紐を選んでアクセスするのかは、その人の深層においてのテーマとか関心によります。表層的にはテーマなど何もないと考えても、深い意識においては明確な目的というものがあります。

　私の場合、テーマを決めないで眠ると、反対に夢の内容でテーマがなんだったかを知る結果になります。

　この寝入りばなに迫ってくるイメージは、自分の場所から見ているということから、だんだんにイメージに見られているとか、あるいはイメージに飲み込まれていくということに変化します。リラックスしたために、しっかりとした肉体的な足場がもうなくなりつつあり、すると客体の中に主体が飲み込まれたり入れ替わったりします。

私の場合であれば、最初にイメージが巨大化してしまい、自分よりもはるかに大きなサイズになり、知らない間にこのイメージの中に主体が飲み込まれます。最初の形にならないエーテル体を見るようになる。次にイメージが生々しく現れて、巨大化して飲み込まれます。

　私はこのイメージを「乗り物」と呼んでいます。

　例えば、ある自動車を見ているとします。そして自動車に近づきます。そしいドアを開いて自動車に乗り込むかのようです。この乗り物に乗って、自分の肉体の場所からどこか違うところに旅するのです。

　エーテル体は線、筒ですが、大きく見れば線路や道路、トンネルなどであり、乗り物はこの通路の上とかトンネルの中を移動し肉体から遠ざかります。エーテル体は肉体から離れることはありませんが、長く伸びていく。そしてそこに乗るアストラル体は肉体から遠く離れるのです。

　オショーが死んだ後、オショーの夢を見た弟子の女性の本を読みましたが、オショーはバイクに乗ってやってきて機嫌よく去っていったといいます。ヒンドゥーの考え方では、物質体、エーテル体、アストラル体、メンタル体を、馬車、馬、御者、主人にたとえます。

　オショーを見た夢ではオショーは馬車と馬が一括分類されたバイクに乗り込んでおり、主人が御者も勤めています。バイクは敏捷に自由自在にエーテル体の道を走るので、これがオショーの好むスタイルだったのです。バイクに乗る人がじっと同じ場所に居座るとは思えません。縦横に動き回るライフスタイルを選んだのです。

　乗り物に乗るには、肉体に置かれた主体という姿勢を手放す必要があります。ですが、眠れない時には主体は肉体の上にあるままが続きます。目覚めているとは自分の場所に主体が固定されているということであり、1時間も2時間も考え事をしてしまいます。

　入眠時、肉体意識が希薄になり、エーテル体にシフトし、このエーテ

ル網に乗った乗り物に乗った段階で肉体的な自我は休止します。この手順はいつも繰り返されており、少し整理すれば、自分から行き先をある程度は指定できるでしょう。

　バスに乗る時にも、渋谷方向とか、初台行きとか、早稲田行きなど選ぶようにです。この意図的に移動の方向を決めない場合には、その人がその時にテーマにしている方向に移動しますが、テーマは物質界の思考H48では決められません。既に説明したように、夢体験はH48よりも高速な物質で構成されており、夢の方向を日常自我や思考によって決められないのです。

　メンタル体のロゴスはアストラル体を作り出すという点では、メンタル体でテーマを決めると、絶対的にそのテーマに沿った夢体験をします。アストラル体はメンタル体の周囲をぐるぐると回ることしかできず、そこから離れることはできないからです。

10 図形を思い描く

　下位エーテル体は、アストラル体をコントロールすることはできず、その受け皿となります。ということは夢で乗り物としてのイメージがやってくる時、エーテル体はそれを選ぶことはできず、乗り物の方が決めているということにもなります。

　今度は、エーテル体よりも下位の振動にある物質体に対しては、エーテル体の紐が選ぶことができて、任意のものを引き寄せることができるということです。しかし、上位エーテル体は下位エーテル体と共鳴する性質があり、こうなるとアストラル体を挟み撃ちのようにして、アストラル体という乗り物を計画した方向に仕向けることができます。主体が釘づけにされた日常的思考でなくエーテル体知覚でないことには効果がないのは、いうまでもありません。

　起きている時から眠りに入る間の、朦朧としたトランス状態の時に思い描く図形が重要で、はっきりと意識がある時に描くイメージはエーテル体に打ち込みできないのです。

　イギリスで活動していたゴールデンドーンなどの魔術結社は、タロットカードのパスワークや、またタットワの図形に入り込むという修行をよくしていたようです。ゴールデンドーンは明らかにシリウス系の組織で、つまりサードオーダーの頂点にはシリウス人がいて、それが指導していたと考えるとよいでしょう。

　日常自我H48においてのイメージとは、実際の人物、建物、事物、町の光景などですが、エーテル体においてのイメージとは、上位エーテル体との関係でならば、数字、線や模様や図形であると思われます。これ

がさまざまな他の要素も混じり合って、物質界が形成されると考えます。

　プラトンは、「地上界は汚れていて、イデアの世界のことを忘れている」といいましたが、イデアとは純粋な図形概念のようなものでもあると考えてもよいかもしれません。それは神聖幾何学などが示すもので、上位エーテル界では、これをもとにしてアストラル体の神話元型ボディが作られ、下位エーテル界では、物質界においての神経網とか電気網、分子や原子、素粒子などの基礎構造などを作り出すことになったのでしょう。

　ロゴスの関連づけられた図形とは比較的単純で、これをさまざまな世界に入るための扉として利用することができます。日常言語で質問をしても夢はほとんど答えることはありませんが、エーテル体知覚と共に生きている人ならば、日常で考え事をしていると、まるで側で聞いていたかのように、その日のうちに夢が回答します。

　エーテル体は肉体から伸びて遠くまで網を張りますが、これは特定の時空間から離れて、非局在的なところに至るというものですが、日常言語は特定のローカルな時空間でしか成り立たないものであり、それをエーテル体は聞き取ることはありません。眠った段階で、このメッセージは断絶するのです。どの時間でも、どの空間でも成り立つ言葉はエーテル体に届きます。エーテル体に運んでもらえる言葉と、運んでもらえない言葉があるということははっきりさせた方がよいでしょう。

　タロットのパスワークやタットワはローカル言語ではなく、この普遍言語を最初の扉にして、つまりバス乗り場の標識に使うものであり、なかなかよくできていると思います。

11　タロットカード

　私は2017年にタロットカードの本（『タロットの神秘と解釈』説話社）を書きましたが、この時にはタロットカードは、数字のロゴスを絵にしたものであり、基本はこのロゴスであるということを強調しました。
　ロゴスは骨で、絵柄のイメージは肉なのです。
　ゴールデンドーンなどの現代カバラ結社は、大アルカナカードを、生命の樹の22のパスに結びつけ、それぞれのカードにヘブライ語を当てはめました。しかし、ヘブライ語はバビロン捕囚（ほしゅう）の時代に捏造（ねつぞう）された言葉であり、日本語と同じように民族のルーツと結びついていない言葉なので、メンタル体、アストラル体、エーテル体、物質体という四つの階層のうち、メンタル体には届かないでしょう。
　シュタイナーは一つの民族には民族霊としての大天使がいるといいますが、大天使はメンタル体、高次思考センター、恒星などに照応する意識であり、途中で腰を折られた日本語やヘブライ語はある意味、まがい物なので、大天使には届きません。
　私は何年か前まではよくヘミシンクの会に参加していましたが、そこでは毎度のように老人が登場しました。これは大天使です。また暗い釣鐘の中にいて、釣鐘の内側には文字が書かれていました。大天使とともに登場する文字は根源的な文字、いわゆる霊界文字というものです。しかしこの文字は、地上に記録された文字には合致していませんでした。人間の意識は恒星に至ると、大地に降りることができない。これは「17 星」のカードが描いていることです。
　反対に、大地に立つと恒星に至ることはできない。これは「7 戦車」

のカードです。

　戦車は大地につなぎとめられており、動力は地球の自転・公転運動です。つまりは地上に記録された文字で、大天使に届く文字は存在していなよいのです。

　ジョン・ディーは天使からもらった言葉としてエノク語を発表していますが、記録された段階で根幹的な意義は喪失しています。

　「17星」のカードの女性は水の上に置かれたスノコに膝を立てています。メンタル体に届く文字は川の上までは、つまりエーテル体までは降りてきます。この点からしてタロットカードにヘブライ語を当てはめても、それはメンタル界にまでは届かないのですが、アストラル界にまでは届くでしょう。

　数字のロゴス、図形はその根源的な意味においてはメンタル界にまで届きます。つまり大天使に質問する時はこれらを使うとよいということです。

　ただし、目に見える形のある数字、図形と勘違いしないでください。紙に記録可能なものすべてはメンタル界、大天使に届かないのです。ア

「17星」

「7戦車」

トラル界に届くが、その先のメンタル界に届かないというのは、原初の創造的意図には共鳴しないということです。

　タロットカードのパスワークではカードのイメージを扉にします。

　このカードのイメージはアストラル界に響きます。具体的な事象を絵にしたものは物質界のものであり、ここにアストラル界という神話元型がどのくらいの比率で入っているでしょうか。タロットカードの絵柄が実際の何かをモデルにしたりする比率が高いほどにタロットの普遍性は失われ、ローカルな比率が強まるので、パスワークには使いにくくなります。多分、占いにも使いにくくなります。

　より高度なレベルに行くにはロゴスを、より具体的で低次なレベルに行くには絵柄イメージを使うということですが、これと別個に、私達はよく習慣性に引きずられるという点も忘れてはなりません。これは長い歴史の中で多くの人がずっとタロットをパスワークなどに使っていると、エーテル界に獣道ができてしまい、ついそこを歩いてしまうということです。

　日本の神社でも建てられた場所は正しくないのに、非常に多くの人がお参りに行くと、あたかもそこが本物の場所に見えてしまうのです。繰り返されたものは自動化し、するとH24要素へと蓄積されます。それはエーテル界の低い領域に記録されて行きますが、人間の思考H48よりも永続的で本能を刺激するものに変わります。この習慣性は純粋なロゴスの意味を捻じ曲げる傾向があり、ロゴスに付着した苔のような傾向を持っています。より上位の意識は降下する中で、自らの示現の邪魔になる付帯物を粛清することは可能です。

　タロットカードでは、ロゴスと神話的イメージが入っているカードと、それがほとんど反映されていないカードなどあり、どれを使うかは上手く選ぶ必要はあるでしょう。メンタル界でなく、アストラル界に行くとい

う目的で、眠る前にタロットカードの一枚のイメージをリアルに脳裏に刻み込み、物質体とエーテル体の敷居をまたいで、エーテル界にイメージを持ち込むことができたら、そのままこのカードを乗り物にして旅することができます。

　もし、タロットカードが上手くアストラル界を反映していない場合には、敷居で取り残され、夢はそのメッセージをすべて無視します。

　カードのイメージをリアルに思い浮かべていると、トランス状態になるにつれて、このイメージは巨大化し、さらにあたかも怪物化するかのようにフォーマットが変形していき、異様なものに変わっていくことも多いはずですが、これは物質界でのイメージが、エーテル体に伝わった時、エーテル体は局在から非局在に連続的につながっていくので、イメージの輪郭やサイズがそのままに保たれることはなく、異様な増殖を遂げていくという点で、正しいパスワーク、あるいは夢見に入ったと見てもよいでしょう。

　私が思うに、タロットカードのマルセイユ版や特にコンヴェル版、カモワン版は数字のロゴスとアストラル的神話性をより強く持っています。ウエイト版はあまり忠実ではありませんが、占いで使う時にはむしろこの混ざりものの多さ、つまりメンタル界やアストラル界には正確に届かないということを逆手に取っているように見えます。

　エーテル界の反射性のみをメインにしており、深いところには関与しないという使い方です。私達の日常の生活において多くの人が求めていることは物質的メリットか、それに影響を持つ少しだけのエーテル領域です。それ以上に深く入り込んでしまうと占い目的とは違ってしまうのです。

　特にメンタル界、アストラル界の要素が強いほどに地上生活の意義や意味を認めなくなってしまうので、占いには不向きになるのです。

ウエイト版がポピュラーになり、よく売れているのは、コンビニの商品のような扱いで、作用が根底的ではないからというのもあります。

　私は20歳前後から、タロットカードの講習会などをしていましたが、多くの場合、自分で使うタロットは自分で描こうと薦めていました。するとタロットカードは夢の中に食い込んで、川底をさらうような根底的な影響がやってきます。これはどこか手術を受けているような気分ですが、意識の組織の再構築が生じるからです。

　タロットカードを扱い始めた初期の段階から夢でいつもは開かない扉が開いて、そこから得体のしれない怪物がやってきたりしていました。今はこれがメンタル界の意識に通じた領域であることを理解していますから、タロットを描くことはメンタル界にまで接触可能であるということを理解します。いつもは開かない扉とはメンタル界の扉で、これは生命の樹ではアビスの深淵（しんえん）の向こうにあるものです。結果としてタロットカードとは数字のロゴスの体系であると理解したのです。

　これを理解できない人は、ロゴスとしての連続性を理解できないので、タロットのそれぞれのカードはばらばらに存在するものと考えるかもしれません。

12　タットワの図形

　タットワというのは五つのエレメントを示すもので、世界を構成する基本的な元素です。
　これをイメージ化するのに、空の元素は紺色の楕円。風は青色の円。火は赤色の三角。水は銀色の三日月。土は黄色の正方形などを使います。

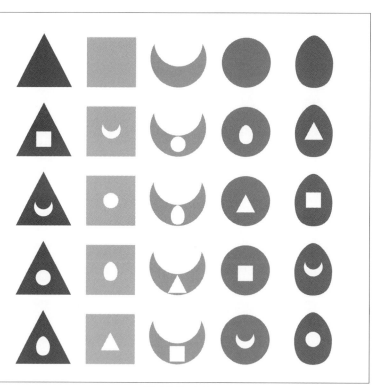

五つのタットワ

とてもシンプルで、これはロゴスに忠実で、また適度にアストラル界にも接触していると考えます。つまり形と色などがアストラル界ということです。

タロットカードはこれに比較すると、より具体的で、つまりより低次なものであり、アストラル界を旅するのに適しています。

タットワの図形は非常にシンプルなので、意識の基礎的なものを考えるのに向いています。ゴールデンドーンでは、これを組み合わせて5×5の25枚のタットワの図柄を使っていたようです。タロットカードの大アルカナは22枚で、複合タットワは25枚です。ということは、あまり違いのないものではないでしょうか。数が多くなるほど物質性に近づくので日本語の五十音はより物質的なものです。

日本語のひらがな五十音のうち、母音の五つはこの五つのタットワと関連づけることはできます。何となく形も、創造の順番を描いているような気もします。

最近、夢を見て、部屋の中で私は子犬をかまっていました。2匹くらいを可愛がっていたのですが、実は、部屋の中には40から50匹くらいいそうで、このすべての子犬をケアするかどうか考え込んでいました。

その前に、トイレの前に並んでいる数人のうちの一人の若い男性に、自作のタロットカードをプレゼントすることを考えていました。散逸したカードを整理してちゃんと22枚あるのか確認しようとしており、中に平たく潰れたウエイト版のカードの黄色の箱が紛れているのも見つけました。

グルジェフの動作、本能センターはH24で機能し、思考はH48で機能するという話は連想的に、英語とかヘブライ語などは動作・本能センターに親近性が高く、日本語の五十音は思考に近いという印象があります。実際、夢の中でカードをプレゼントしようとしていた若い男性はいかにも

行動が早そうで、決まった住居には落ち着いていない印象です。何となくホームレス的な感じもありました。

　私が20代の頃は、タロットを嗜(たしな)んでいる友人などは、みな、不良な雰囲気が強かったのです。

　50匹近い子犬を室内でケアすれば物質生活は安定しそうな気もするし、すると、どこにも動けなくなるという感じもあります。結論としては、夢の中では、これ以上子犬をかまいつける気はないというところでした。

　五十音の言葉は、五つの母音と、それぞれに1から10までの数字を割り当ててと作れそうです。またタロットの小アルカナは、四元素に1から10までの数字を掛け合わせています。日本語の五十音はこの小アルカナに近いような意味があると考えてもよいでしょう。

　ロゴスという観点から考えると、こうした言葉の一つの中に、一つの小宇宙がありますから、興味があれば日本語の五十音の世界をパスワークしてもよいのではないでしょうか。ひらがなの文字の形は、エーテル的な視点からすると、すべてがエネルギーの流れを示したものとなるでしょうから、それに対応した世界に行くことができるでしょう。

　物質界映像をそのままエーテル知覚にシフトさせると、それがそのまま推進エンジンとして働きます。文字のイメージを凝視したまま、それが変形していくと徐々にエーテル知覚に移動しています。エーテル物質の何ともいいようのない生々しい素材を見ることになりますが、途切れることなくそこにつながると、そのまま言葉のコスモスの中に入るでしょう。

　アストラル体に関わっていない純粋なエーテル物質は象徴的な意味とか映像を伴うことが少なく、工場に置かれた材料のような、何とも無定形な、それでいて迫真的というものが多いのですが、それは反対にいえば、そこに意図を乗せてもよい。いや、むしろ乗せられるのを待ってい

ると考えてもよいわけです。とはいえ、既存のひらがなは地上の言葉なので、それなりに変形は必要かもしれませんが。

　犬は家を守るとか、確保された空間を守備する性質があり、タロットカードの中でも境界線を越えようとしている「0愚者」のカードと、「18月」のカードでは犬が吠えていたり、興奮したりしています。

　夢の中で、日本語の五十音を連想させる子犬は家の中にいて脱出しそうな気配も皆無でした。

　タロットを渡したいと思った若者はトイレの前に列をなしており、そもそもトイレというものが、体外に吐き出す、つまり外との扉を意味しており、トイレの前に並んでいる数人の人はこの世界から脱出しようとしているのです。

　となると、私がプレゼントしようとしていたタロットカードは脱出の手引き書です。部屋を世界と想定すると本来の脱出口は上と下があり、上は精神的なものとか幽体離脱のようなもの、下はより物理的なものなので、タロットカードが説明している手順はより実際的なものです。

　家を守るには五十音が適しており、飛び出すにはタロットカードの大ア

「0愚者」

「18月」

ルカナがよいという対比があることになります。また小アルカナは、飛び出すより日本語と同じく家を守るとか、内部世界を細かく扱うことに適しています。

　もし、占いがこの世界でよりよく生きるためのものだとすると、タロット占いも小アルカナを使うのがよいでしょうし、足抜けするためならば大アルカナを使うとよいことになります。相手がトイレの前に並んでいるのかどうかを確認しなくてはなりませんが。

　この世界に住むというのを、暗号として、子犬を構うという言い方をしてもよいのかもしれません。大きな犬は逆に異次元との扉の場所にいるケースもあります。シリウスは扉で、プロキオンは子犬を表し、世界の中の小さなことに楽しみを見出します。

　この執筆を進めるために、私はこのタットワのイメージを使って、夢に問いかけをしてみました。

　チベットのチャクラでは、一番下のムラダーラ・チャクラからこのタットワ図を対応させ、五番目の紺色の楕円というアカーシャのタットワは喉のヴィシュダ・チャクラに当てはめます。

　こうすると、一つひとつの元素の意義というものをかなり強く意識したものとなり、一つひとつが特有のコスモスを表しているように見えてきます。

　一方で、チャクラを西欧式に、下から赤色、オレンジ色、黄色、緑色、青色、紺色、紫色とするスペクトルの変化の順番は、チャクラを互いの相対的な違いから考えており、チャクラの個々の本質的性質を無視しているように見えます。

　しかしチャクラとは音階であるという考え方からすると、このスペクトル順番は正当なものにも見えてきます。どちらが正しいのかというよりも、この2種類の考え方はどうやら並行して、それぞれが異なる真実

を提示しているように見えます。

スペクトルは単独では成り立ちませんが、タットワは個々のものが一つの世界を作り出しています。

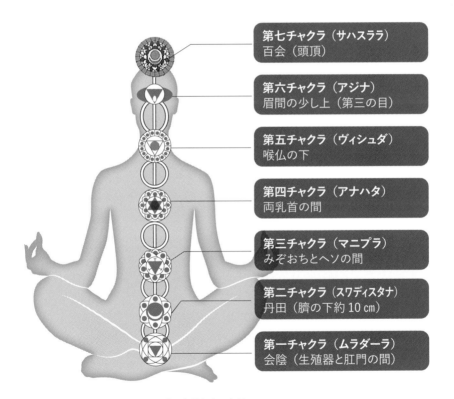

チャクラとタットワ

13　黄色の正方形

　ここまで原稿を書いた日の夜、眠る前に黄色の正方形を思い浮かべました。黄色の正方形の記号は土のエレメントを表しています。徐々に意識が朦朧(もうろう)としていく間も、この黄色の正方形のイメージをキープして、フェイズ4からフェイズ3に黄色の正方形を持ち込みます。

　このイメージは回転させてもよいでしょうし、斜めになってもよいでしょうし、多少ゆがんでも構いません。空間的な形の正確さを保っても確実に壊れていくし、形でなく概念が重要だからです。

　その後、夢をいくつか見ました。

　ある男性がいて、彼とこの黄色の正方形との関係は節度のあるもので、彼は正方形に意識を投げかけますが、正方形の方もそれを跳ね返しバドミントンをしているようです。本人と正方形の関係には他に無駄なものがなく、夢の中ではカルマを作らないというような意味のことも伝わりました。

　カルマとは「行為」と訳されますが、地上的に生きて何か行為をしているうちにその慣性が働き、深い意識に行動パターンが刻印されていき、その後はそれを修正できなくなったものをカルマと呼びます。

　行動パターンはH48でなくH24の動作・本能パターンに刻印されるので、知性ではどうにも修正できません。

　夢の中の男性は正方形との関係が必要最低限というもので無駄な慣性が働くようにも見えませんでした。この男性は、夢の中では女性的な要素も混じっているようで中性的な気配の男性という印象です。いろいろなところで、物質体で男性である人は、低次のエーテル体では女性とな

り、物質体の女性はエーテル体では女性であると説明したことがあります。より高次な段階のエーテル体からは、さらにそれ以上の次元でも人間にはジェンダーがありません。物質体の裏にあるかのような低いエーテルレベルでは反対の性を持ち、一体化した後に男女のない本来のエーテルボディになるのです。

　そこで、夢の中の男性も女性的要素を内包し、どちらともつかない印象になったのです。このどちらともつかない地点から見ての黄色の正方形ということも重要だったのかもしれません。地上においては、男性は男性的な、女性は女性的な行為のカルマを作り出します。このカルマ作用から自由になれるのは、唯一、男性でも女性でもない両性的な存在です。

　この黄色の正方形との応報のような関係の夢が、最初に図形を思い浮かべたことに対する夢の回答だということです。土の元素とは深く一体化せず適度な距離で関わり、この距離を保つためには男女の中間地点にいる必要があるということです。他にも二人の人がいて、この正方形の扱い方の話をしていましたから、土の元素に対する扱い方にはいくつかあって、工夫が必要なのだという印象です。

14　今の地球は土のエリアなのか

　黄色の正方形は空・風・火・水・土という五つの元素のうちの土の元素のシンボルです。
　私は他のいろいろな本で、地球は感覚的に12個、法則として七つ存在すると説明しています。そもそもこのような話が出てきたのは、今の地球から、シフトした地球に人類が移動するという話題が精神世界で持ち上がったからです。
　ここにはいくつかの考えがあり、今の地球が次元上昇していくという説。しかしこれは宇宙法則からすると正しい考えには思えません。創造の法則が働くと、後になるほど重く、分裂した世界が発生します。地球は長い時間をかけてどんどん硬化してきました。これがいまさら反対方向に行く理由はありません。地上に住む生命として、もっと岩のような、金属のような動きの鈍い存在が作られていくという流れの方が自然です。一体、どこまで行くのか、見てみたいというのはあるのではないでしょうか。
　となると、人類の進化がありうるという点では、人類はこの重くなっていく地球から離れて、自分にふさわしい世界に行くのがよいということになります。ここで出てくるのは地球分裂説で、これまでの地球はさらに重くなり、もう一つは軽くなっていく地球があり、多くの人はこの方に移動していくという考え方です。
　ドロレス・キャノンの本を読むと、シリウス人達は、太陽系から遠い場所に新しい惑星を作り、そこに地球人を住まわせたいという意見を主張しているグループもあると書いてあります。

地球には月が一つしかなく、この月に引きずられて惑星としての地球の位置は平均値よりも重くなり、太陽との距離が離れた。太陽と地球の間に開いた隙間を埋めるパテとして人類が作られたというのがグルジェフの説で、この場合、地球から見ると人類は必要な触媒なので手放すことはありません。そこで地球のための人類の存在性はそのまま残留し、惑星意識から独立可能な少数の人々は違うところに移動します。

　そもそも地球は、この発達した人々を、地球が要求する役割を果たさなくなるのでその存在を嫌い、地球が吐き出そうとしますから、あまり強くは引き止めません。出口王仁三郎式にいうと、これが生き残る"三分"の人々のことかもしれません。

　地球が12個あるのならば、太陽系の外など遠い場所でなく、今の地球から近い場所にあり、少し振動が違う、つまり次元がちょっとだけシフトした環境に移るという方が自然です。この場合、古い地球と移動するべき地球にはどこかに出入り口があり、徐々にずれ込んでいくというようなシフトです。こうした移動はいつでも困難があります。

　それは私達が今までの地球に付随する感覚、思考、ものの見方をつかんでいるので、私達自身がシフトに抵抗していることです。空間的にどこかに移動するという話ではなく、存在状態とか感覚そのものが変わらないとシフトしないのです。こうした移動は過去の歴史の中にもいくつかあったと思われます。

　世界というか物質世界は第五元素が四元素に分解したところで生まれます。そこで初めて時間と空間の循環が発生します。ですから、12個の地球という分類も、このタットワの比率などの違いで分類することが可能です。時間と空間の秩序が、今までの地球とは微妙に違うということです。

　私達が住んでいる地球は、この中で一番下にある最も物質的な土の元

素を象徴とするようにも見えます。どんなことにも物証が必要で、ものでないと何も信じないという習慣もあり、また家を持ち、たくさんの物品を手に入れることで自分を守ろうとします。所有することは所有されるという原理が働くので、グルジェフのいうような地球の地表に張りついた苔のように、多くの人が大地にしがみつきます。対人関係も、物質的に相手が目の前にいないと信じられないというような状況で、すべてが土の元素を基盤にして生きているように見えるのです。

　地球の中に住んでいて、他の世界を知らないと、これがバランスの取れた生き方に見えますが、地球以外の世界から見ると、地球に住む人々は土に埋もれた暮らしをしており、死んだ後にもこの土の中に埋められますから、土の中から生まれ、土の上に少し突起を作り、また土の中に戻るのが地球の人間の姿と考えてもよいかもしれません。つまり、塵から生まれたお前、塵に戻るお前ということです。

　よその宇宙から見ると地球の人類はまるで土の妖精で、きっとかなり奇異に見えるはずです。これは地球が人類を、太陽の光を持ち込む触媒として必要としているために強い磁力で引き寄せているのでしょうから、よその惑星では人類の生き方は全く変わってしまうでしょう。

　私は、生まれる直前の記憶があります。ここでは崖から下界に落ちました。崖の下には、茶色の濁った水があり、今からこの中に飛び込むことになっていました。その後、地球に生まれてきたという意味では、地球は茶色の水の世界だとみなします。これは土の元素と水の元素が入り混じったようなものなので、地球は土と水の中間にあるか、あるいは混じって、柔らかい土になったと考えてもよいかもしれません。

　ただ、崖の下にあったのは小さな水たまりであり、土の枠の中にある水だと考えられます。だからこそ茶色で、水が単独では成立しておらず、土の枠に依存しているということを考えてもよいのです。

14　今の地球は土のエリアなのか

　人間は水分が多く、皮袋に水を入れて歩いている生き物です。愛情面でも強い独占欲がありますが、これは土の枠の中に水を囲い込んでいるからでしょう。

　タロットカードの小アルカナでは、カップのカードは水の元素と思われていますがそれは違います。カップは土の枠であり、この中にのみ水が存在しうるのです。なので、カップのカードとは土の中の水なのです。

　私が夢で見ていた男性は、最近私がfacebookでときどき話をしている神仙道(しんせんどう)を修行している男性で、仙人は地球の歴史も伝統もすべて投げ捨てるということをいっています。

　この場合、地上にカルマを残さないように最低限の暮らしをするのが理想であり、物質世界ではよけいな野心を持たないという暮らしです。最近、私の考えではスターピープルへの帰還と仙人になるというのは、同じ意味だと思っており、ともに土の元素には深入りしないということは重要です。

　夢の中の男性は、この実在の男性というよりは、一つのスタイルのようなもので、他にも何人もこのようなスタイルを生きている人はいると思います。

　例えば、ニートな暮らしをしていて、自然食で生きているような男性にもいます。あるいはミニマニズムを実践したり、不食をしたりです。

　私はITなどで活躍したり、仕事に積極的に取り組んで高収入になったりするような人よりも、このようなニートの方が価値があると常々説明しています。

　生きる目的を仙人など不死性に向けた時には特にそうだし、人生はこの地球の生存以外にはない、しかも一回きりだと信じている人は、総理大臣がいうように生涯現役の方がよいように見えるかもしれませんが、それは人生をそうとうに勘違いした結果でしかありません。

私は死んだら消えてしまうものは、すべて暇な時間を消費するための暇つぶし行為であると説明しますから、この暇つぶしをするくらいなら、1日数百円程度の食費で、永遠性を感じさせる文化活動をしていた方がよほどましです。
　つまり"永遠の哲学"に関心を抱くことです。夢では球を正方形に向けて投げると、正方形が投げ返してくるというものでしたが、この関係性を保つものは1本の線か、あるいは複数の線が束になったものでした。
　最近、ある男性がヒプノセラピーに似たセッションを受けて、その人にはガイドがいて、このガイドはかつてある実験によって、地球を取り巻くエーテル網を破損させてしまったグループの一員だったそうです。そしてこの男性は、このエーテル網の修復のために働いて欲しいといわれたそうです。
　エーテル体の強い人が土地を移動すると残像のようにして、そこにエーテルの力が塗布されるらしいのです。この夢の中で見た男性と黄色の正方形には、私から見て細すぎる線が結ばれていて、もう少し太くしてもよいのでは、と一瞬思ったのですが、夢の中の男性が仙人になるのならば、やがてこの線を断ち切ってしまいます。少なくとも、ヒプノを受けた男性のように、自分が人柱になって地表にエーテル成分を塗布するようなことはしそうにありません。
　黄色の正方形は土の元素の象徴ですが、これは空・風・火・水・土の中の一つであると同時に、今度は土の元素の中に、土の元素のサイズに縮小された空・風・火・水・土を想定できます。土の元素の鏡に映った空・風・火・水・土です。
　精神活動や情緒、愛情活動などもすべて土の元素のサイズを超えることはなく、この土の元素の中に縮小的に存在するということです。私達は肉体に閉じ込められて、この範囲の中で精神活動をしたりしますから、

まさにどんなものもこの黄色の正方形の範囲に縮小されています。それにそもそも寿命があり、長生きしても100年程度で死んでしまいますから、これも土の制限です。

土とは制限とか枠を決めるということであり、局在性の基点で、時間の範囲も決められています。この寿命があるということが、宇宙的な存在からすると地球人の最も謎の生存形態なのです。地球は土の元素の成分が過剰に多く、個体は孤立し寿命も著しく短くなっています。

カバラでは、物質世界は高次の領域にはつながりがありません。しかしエーテル体は、その上の次元のすべてとつながるということを説明しており、さまざまな多彩な世界に行くには、まずは、このエーテル界に行くしかありません。

科学は無を先送りにして、無のこちら側でたくさんの体系を生み出していますが、物質界とエーテル界の間に、この無のあるいは非二元の扉があります。

物質的に生きている人は、このエーテル界に行く時に、それまでの存在のありかたが死ぬし、物質界の因果律が無効化されます。ゼロを入れてしまうと数式のすべてが台無しになってしまったかのようです。

エーテル界とアストラル界、アストラル界とメンタル界のつなぎ目にも、この無ないしは非二元、二極化の統合化の壁がありますが、最初の無の扉は物質界とエーテル界の間にあるのです。科学はこの最初の扉を乗り越えることがいまだにできないので、科学は純粋に物質界のことのみを扱う体系だと考えるとよいのです。その領域では極めて多彩な発展をしているのは誰もがよく知っています。その体系で精神や感情、異次元を考えるには無理があるのです。

今の科学的な知識によって宇宙船やロケットを作っても、外の世界に行くことはできません。地球感覚の中をぐるぐると巡るだけで、球体の

中に閉じ込められた蝿があちこちの壁にぶつかり跳ね返されるようなものです。夢の探索で、一度エーテル界に移動してから、そこからいろいろな宇宙に旅をするというのが、今のところ考えられる最善の方法です。

　この時、シフトするべき次の地球とは、どういうところなのかを夢でサーチしてみるのもよいのではないでしょうか。今の地球が土の中の水という記号で表すことができるならば、ごくわずかにシフトすると、土の中の火の世界などがあります。しかし、土の制限が激しすぎるという点では、もっと自由な水の中の土などもあります。土、水、火、風に移るにつれて変化が激しいものになり、今までの生活とはあまりにも違うので、たいていの場合、馴染めないでしょう。

　考えただけでその場所にいるという生活が毎日繰り返されていると、落ち着きません。そもそも、地球人はまだ想念をコントロールできる段階になく、好奇心さえ上手く制御できないので、想念によって変化する世界に行った途端に、自滅してしまいます。その意味では、土の元素の変化しない性質に深く依存しており、その中でしか生きていけません。

　夢の中では、男性は黄色の正方形と紐で結ばれており、距離を離したり近づいたり微調整していました。

　以前、私は体外離脱でスピカに行きましたが、その戻りコースでは、グライダーのような軽い乗り物に乗り、このグライダーは暗闇の中でゆらゆらと揺れる銀の糸に乗って徐々に地球に降りていきました。著しく細い１本の糸でつながっているというのが不思議でした。もちろん、物質界から離れたエーテル世界では、ものの大きさは全くあてになりません。

　そこで細い糸は、実は巨大トンネルとかと同じようなものにもなります。主体の視点がこの銀の糸の中に入り込んでしまうと、身体よりもはるかにサイズの大きな通路に変わります。それどころか、この銀の糸は銀河のサイズにまで拡大してしまう場合もあります。

実際に、スピカに行く時には、私は筒の中を回転しながら移動しました。ただここでは、スピカとのつながりが、一つの系統しかないというのが特徴的で、今回の夢の場合にも、男性と正方形の間の紐をもう少し拡大して、それが１本なのか複数が絡み合っているのかを確認すればよかったと思うのですが、そこだけが映像にわざとぼかしが入っているようで詮索されたくないようでした。

　土の元素を示す黄色の正方形の中に入ってしまうと、地球世界の中で、何か仕事したり、この中で体験したりする時にも、小さなものが大きく拡大され、今日モンブランを食べるか、それともとんかつにするかということも人生の一大事になります。

　経済活動とかビジネスに命をかけている男性を見て、私は小さいことに没入しすぎていると感じますが、じっと凝視するとどんな小さなことも大きく見えてきます。しかし、この夢のように、男性の身体の下の方に黄色の正方形が置かれていると、これは世界と当たらず触らずで関わっているが、世界には本気で参加していないということで、世界の中での体験のどれもが真剣なものではないのです。

　主体を正方形の中に入れて正方形を拡大するか、それとも少し遠のいて、小さな正方形にするかは本人の自由で、目的によって変わるでしょう。地球に生まれて男女の愛情に重きを置き、それが生きる糧になる人もいますが、地球においての愛とは、肉体という物質に制限されての中での愛情関係で、黄色の正方形の中に小さく銀色の三日月という水の記号を封入した構図です。しかし夢の中の男性のように、黄色の正方形と距離を持っている状況では、この愛情関係にしても、見切りをつけるとすぐに終了してしまい、後に残すものは何もないことになります。

　水の元素は土の正方形の枠から外にはみ出すことは決してありません。これでは住んでいる場所が遠くなったからとか、お金がなくなったので

つき合いをやめたというようなものです。さらに男性はこの土の枠から距離を持っています。体外離脱は、肉体から中身が飛び出します。つまり、もともとは、中身は土の中にあったのです。

この夢の場合には、あたかも最初から体外離脱しているようであり、リモートコントロールの電線で土の元素の世界を制御しているかのようです。

ドロレス・キャノンは1945年以後、地球に宇宙知性がボランティアとして多数生まれてきたといいます。原子爆弾の使用が始まってから地球にはいつでも危機が迫っており、それを回避するために、地球内部にトータルな意識を持つ宇宙知性を盛り込んだのです。しかしこの地球の危機は唐突にやってきたものではなく、最初から想定範囲のものであり、これらを長期的に計画している宇宙知性があり、その意図を知ることなく、多くの宇宙知性が地球に生まれてきたというわけです。

この地球に初めて生まれてきた存在達は、地球の生活の中でいろいろなことには深入りしないようにして、例えば、結婚しない、子供は産まない、長続きする対人関係は作らない、都会には住まない、などを実践しているのですが、地球に生まれてきたことがないために、すべての経験が珍しく、そして過剰な負担を強いるものであり、つまり一般の地球人よりも、地球の罠(わな)にはまりやすいといえます。見知らぬ観光地で知らず知らずのうちに危険地帯に迷い込んでしまったかのようです。

私が見るに、彼らの多くが神経症とか異常な性格になりやすいのです。その点では、地球のカルマに支配されないという、適度に正方形と距離を持つ生き方は、長年の経験者のできることであり、いきなり宇宙からやってきたボランティアにはなかなかに難しいことではないと思います。マニュアル通りに深入りしないように気をつけても、罠にかかってしまい先住民よりも深みに落ち込むケースもあります。この経験者が教える

か、あるいは生まれてくる前に設計されたサポートプログラムが強制的に機能するように工夫する必要はあるでしょう。

ですが、努力して自分に戻ろうとした目覚めたスターピープルは、夢の中の意識に自立性を持つことができるでしょう。地上の生活と同等か、あるいはそれ以上に夢の体験がリアルなものとなります。それは肉体から独立したエーテル体の体験ですから、当然な話です。つまり地球物質世界から独立しつつあるともいえます。

多くのケースでは、夢の生活の中でウェイクアップ・プログラムが起動します。私の場合、1945年以後に生まれたボランティアの第一グループにみなされていますが、実際にはそうではありません。私は地球については少し距離のある場所から見ていて、わりに詳しいのです。20代の頃から、黒服の二人の男性に夢の中で教育を受けており、私は彼らをまるで"爺や"のように見ていましたが、このようなものがウェイクアップ・プログラムなのです。

タロットカードの本を書いている時に、巨大な黒い怪物のような存在がやってきて「私が母親だ」といいました。その同じ年に、原宿に引っ越した時、夢の中で毎日女性が少しずつ近づいてきて、最後に布団のそばまで来たかと思うと、私を背後から羽交い締めにして「私が母親だということを忘れたのか」といいました。黒い怪物は、タロットカードの根底にあるロゴスの母の部分で、世俗的な占いとしてのタロットの部分は、まるで原宿の母とでも呼ばれそうな、人間の形をした女性が母体となっていたのです。どちらも私の母ではなく体系の母です。

ずっと昔に、自分の母親が樽の中に詰められた土に封入されているという夢を見ました。私が地球に生まれてきた理由はこの母親の救済にも関係します。

これらを結びつけると、タロットカードとか占星術など、宇宙的なロ

ゴスの体系が、土に埋もれており、プラトンのいうように汚れたイデアになっており、それを修復したり補完したりすることが、私が地球に生まれてきた理由の一つです。樽の中の土。この中に鱒の味噌漬けのように埋め込まれた母は黄色の正方形に詰め込まれ、縮小された法則体系です。泥が張りついて重よいのです。この救済計画を実行するには、いったん黄色の正方形の中に入り、ここから法則を引き出してチューンナップして、それらを黄色の正方形の範囲よりもはるかに大きなものに戻すという必要があります。

　この法則とは、五つのタットワなどの構造を作り出したもとにあるものです。つまり、五つの元素に影響を受けることも本来はあり得ないものなのです。この体系を本来の姿に戻すことは、地球にボランティアでやってきたスターピープルのウェイクアップと星への回帰には役立つでしょう。

　これらを考えてみても、それぞれの人の黄色の正方形との関係をどう持つかというのは、さまざまなスタイルがあると思うし、それぞれの人は、夢の中で、これについて改めて検証してみるとよいでしょう。深入りしない。つい罠にはまって中に入る。土の中であがいて、何か運動をする。この中に入って、これ以外に世界があることには全く無自覚になる。正方形そのものに同化して人間ではなくなり土の精霊になる。

　夢の中では、数人の人が黄色の正方形の扱い方について議論をしていたのです。最後に死んだ時に、何も残らないのならば、この土の枠から脱出できなかったということになります。死んだ時に、まるで朝眠りから目覚めたかのように自分を思い出すならば、局在性へ限定するという目的で作られた黄色の正方形に心底支配されてはいなかったのです。

15　銀色の三日月

　チャクラでいうと、水のタットワに当てはまるのは一番下から二番目のスワディスタナ・チャクラです。これはガンジス川にたとえられ、日本で有名な神々、例えば弁才天とか、ワニの神様なども、この川の中に生きています。
　清流を意味する瀬織津姫（せおりつひめ）もこの関連の神様です。私達の地球が一番下の土の地球だとすると、これよりも振動密度が少し高い第二地球は、この水の元素、あるいは火の元素に例えられるエーテル成分を物質とみなした地球だと考える人もいるかもしれませんが、ここには固定された身体という土の元素の比率が多くありません。
　今の地球よりも少しだけ振動の高い地球を、私は「金星的地球」という言い方もしましたが、生命の樹では、金星はネツァクというセフィロトに関係し、これはマニプラ・チャクラの陽の要素なので、下から三番目の火のタットワに近いかもしれません。生命の樹の当てはめと同じように、スワディスタナ・チャクラは月、マニプラ・チャクラは水星と金星と対応させ、生命の樹のパスのように構造を短絡的に当てはめた時、月の軌道のある場所には金星との連絡通路があります。
　同一グループであるイエソド、スワディスタナ・チャクラ、月と、もう一つのグループであるネツァク、マニプラ・チャクラ、金星をつなぐパスとして、「17星」のカードが通路となっています。「17星」のカードの女性は、大地に降りることができず、水の上にスノコを乗せてそこに膝を立てていますから、これは着地点が月なのです。太陽系の外にある恒星に行ってきた人は、第一地球には戻れず、第二地球に居座ると考え

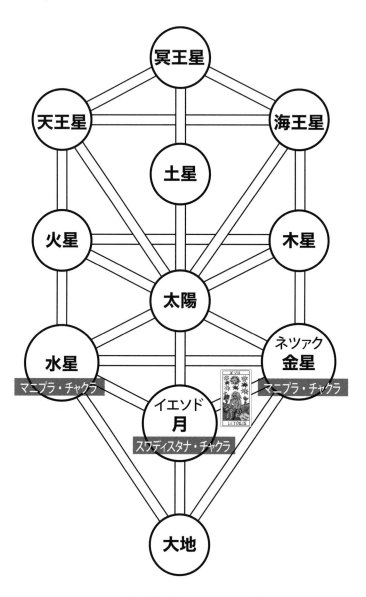

生命の樹と惑星、チャクラの対応

てもよいかもしれません。これは第二地球を、スワディスタナ・チャクラ的なもの、水のタットワ中に構築された世界とみなした場合の話です。

　水の中の世界として有名なのは竜宮城かしれません。竜宮城の乙姫は「音の秘め」、つまり音の秘密というふうに解釈する人がいて七つの法則を司るというふうに受け取り、これがアンタレスに関係するという人もいます。

　アンタレスはヘルメスや猿田彦の神話型に関係し、さまざまな宇宙に通じる八叉路を表していると。金星は外宇宙との通路はありませんが、ビーナス・トランシットはこの通路となります。これは七面観音を象徴するものですが、弁財天と関連づける人もいます。

　また、イマヌエル・ヴェリコフスキーの妄想説を取り入れると、金星はかつては太陽系の外との通路でもあったのです。私はヴェリコフスキーが好きで、科学的に証明されなくてもその説は否定されないと思っています。

　本来、これらは物質とエーテル物質の両方を考慮に入れないと正しい知識には至りません。今の時代ではまだ科学的というのは純粋に物質性のみを考えていますから、片割れ的で、片割れはどこまで行っても一人前にはなれません。

　中国の詩仙・酒仙といわれる李白は、酔っぱらって水面に映る月を取ろうとして溺死したという伝説があります。実際には、62歳で自宅で死んだという話ですが、仙人は応身であり、エーテル体を肉体にしていますから、これは物質世界からすると象徴、伝説、もののたとえの身体です。

　つまり、仙人としての李白は酔っぱらって水面に映る月を取ろうとして溺死したところが入り口の世界に生きており、残された肉体は抜け殻として、自宅で62歳で死んだのです。死んだ時に仙人になることを「戸解仙」といいますが、李白のケースでは、肉体が死んでエッセンスが残

るのでなく、エッセンスが分離して、残骸としての肉体が徐々に消えゆく残像のように生き永らえていたと考えるとよいでしょう。つまり少し時間のずれがあるということです。

エーテル界は超個領域ですから、物質界の時間の秩序、空間の秩序に従わず、決まりきった時空の枠から滲みます。つまり時間は前後することも多く、尸解仙の時間ずれなどいくらでもありそうです。生き残った李白が冴えた能力を見せなかったのならばそれは抜け殻です。

酔っぱらって水面に映る月を取ろうとして溺死した。ともかく月を取ろうとしたのだと。これは、月を取ろうとして間違えて死んだのではなく、月を取ったからこそ死んだのです。

これをパスワークのシーンとして切り取ると、水と月はともにスワディスタナ・チャクラの象意であり、エーテル体を示すチャクラでもあります。導入としてこの領域に酔っぱらうことで入り込んだということです。

酔っぱらいの詩人は大変に多いもので、日本でなら田村隆一が有名です。朝からウィスキー、日本酒、赤ワインを飲み、パジャマを着たまま朦朧とした中で思いついたように詩を書き、また泥酔するという具合です。

パスワークとして、李白を導師とするなら、このアルコールを使って水の世界に入ることになります。芸術活動を通じてアストラル体を作り、その後、水の世界にシフトします。

中沢新一の『アースダイバー』(講談社) を読んだ時、これまで自分は縄文の海の上をずっと移動していたのだと気がついて驚きました。原宿に引っ越した時には、1か月ボートの音がうるさくて不眠症になりました。縄文の海の上にいて、大地には降りていなかったのです。

交通事故に遭った時も、救急車で運ばれた場所も、この海のコースの上です。そもそも交通事故は、この海に住む蛇がしかけたものです。この縄文の海は、第二地球とこの地球とのつなぎにもなるでしょう。

あるアカシックリーダーは、私の千駄ヶ谷の事務所の前に、龍口行きというバス停があるのを夢に見ました。このバスに乗るとアミューズメントセンターに到着します。アミューズメントセンターは金星的地球のことでもあります。私の千駄ヶ谷の事務所は、かつては渋谷川のあった場所の真上にあり、縄文の海の流れの中にあります。この事務所では頻繁にバイノーラルビートなどの講座をしました。
　私は引っ越しする時、実用的な条件を考えません。夢で何か暗示があることが多いのです。
　ある時、引っ越ししようとして代官山を候補にし、あちこち歩き回ったのですがあまり手応えがなく、そのまま歩き続けていつの間にか目黒に至りました。夕方に、それと知らずに目黒の大鳥神社のベンチに座って５分ほど休憩しました。その夜に眠っている中、自宅の庭の石を踏んでいる音が聞こえ、庭の方が光っていました。その後、光を放射する男性から、今後の８年間の予定というものを聞かされました。結果として、目黒に引っ越ししたのですが、それから原宿に移動しました。
　原宿では引っ越し直後から、毎晩細身の女性が現れ、毎日少しずつ接近してきたのです。目黒の大鳥神社で連れて帰ってきた祭神と、原宿の夢の中の女性も結びつきはあるでしょう。
　その後、私は新宿の角筈といわれる十二社通りで交通事故に遭いましたが、１年前に、この事故を夢で知らされており、そこでは大きな蛇が背後から忍び寄ってきて、私の頭に装着していたヘルメットに噛みつくというものでした。事故現場は新宿の中央公園の前ですが、ここはかつて池であり、そこに身投げして大蛇に変身した小笹の伝説があり、私の事故を起こしたのはこの小笹です。
　角筈はシャーマンの笛を意味していますが、黒曜石の神といわれるテスカトリポカは右足が切断されています。私はこの場所の交通事故で右

足の骨折をしたのです。

　弁才天がいる世界は水の世界と想定した場合、私はアルクトゥルス・ミンタカのハイブリッド種なので、その意味では下半身がオリオン三つ星のようなものでもあり、下半身は縄文の海の中を移動しています。しかし、もともとは故郷がアルクトゥルスという点では上半身は風の領域の方が近いともいえます。

　QHHTセッションでも、上空にいると居心地がよいし、自分の居所は上空にとどまることであると感じます。特にマグマの上に滞空している時が最も気持ちがよいとも感じました。

　雲の上に住み、少し体温が落ちたと思うと暖を取るためにマグマの上に行く。となるとここでは大枠が風であり、この中に水があるという話になり、青色の円の中に三日月を描くとフィットした環境にいることにもなります。水の中に住むというよりも、水の上を移動しているという意味です。

　恒星はメンタル体であり、この五つのタットワには従属していませんが、降りてきやすいタットワというのはあるでしょう。水のタットワのベースに土、火、風、水、空があると、それらは土の元素ほどには枠に閉じ込められておらず流動性があり、自由性はある程度、確保されていると考えることができます。

　眠りにつく時、銀色の三日月を思い描いて、いつものように朦朧とした中でも、この図形をキープして眠りました。朦朧するとは変性意識に入ることですが、この中に入ると日常意識としての明確なかたちは保てません。ですから、銀色の三日月も異常さを持つようになります。つまり物質枠を超えて、この記号の本質が強力な主張を始め、脅迫的なものとなります。この段階でやっと記号はエーテル界に持ち込まれます。物質界の崩壊というところです。

夢の中で、若い女性の首に三日月が埋め込まれていました。色は銀色というよりもチーズのように乳白色で、うつぶせに横たわっている姿では三日月は見つかりません。ひっくり返してあおむけにすると、三日月が埋め込まれていることがわかります。この女性は半ば死体のようで、生きているが死体のようだという感じです。

　特定の世界に安住した存在を、私は「死体」とたとえることがよくあります。身体は動いているが内面は眠っているのです。その点では地球で安心して生きている人も死者とたとえることもあります。ある小説のタイトルのように生ける 屍（しかばね）といってもよいかもしれません。

　コリン・ウィルソンは、人類の５％は反抗的で、残りの95％は順応的といいましたが、この順応的な95％を私は「神の子羊」と名づけていました。しかし、ここでは生ける屍といってもよいのかもしれません。

　女性は水のエレメントの世界に住んでおり、この中に住んでいると自分が水のエレメントの中にいるとはわかりません。魚が一生水の中にいると自分は水の中に住んでいると気がつかないのと同じです。つまり、私はここで五つのエレメントの世界を説明していますが、しかしそれぞれこの中に入ってしまうと、自分はどこのエレメントにいるかはわからないのです。

　魚は水の中にいるが、たぶん空気の中にいると思っているでしょう。魚は空を飛んでいる鳥のようです。

　このように世界そのものと一体化していてその世界の性質を対象化して知ることができない状態を私は死体といったのです。世界とその人は一体化しており、世界から本人を引き剥（は）がすことができないのです。物質界に生きて、それ以外のことを知らない人も、土のエレメントの中の死体といってもよいでしょう。

　黄色の正方形に距離を保っていた男性の夢では、男性は距離を保って

いましたから土のエレメントを意識できます。しかし、この黄色の正方形の中に入ると、もう自分は土のエレメントの中に住んでいるとは認識できないでしょう。

　ここで魚のたとえを使いましたが、そういえば夢の中での女性は横たわっており、死体のようなので、豊洲市場で並べられたマグロのようなものかもしれません。また裏返して表にすると誰かわかるというのは、どうも土左衛門といわれていた溺死体のイメージを持ち込んでいるようです。

　画家のグスタフ・クリムトは、50代まで水の世界に幽閉されていたといいました。クリムトが描く女性の絵は、たいていの場合、水のエレメントの精霊のようで、クリムトはずっとそれに捕まえられていたのです。私が夢の中で見た死体の女性と似ています。クリムトは金色を多用しますが、この夢では、金色というより女性のイメージもまた首の三日月もみなクリーム色がかっていました。

　この夢が私にいいたいことは、それぞれのエレメントを識別して、その違いを楽しむために入り込んでも、中に入ると、もう世界の特徴はわからないということなのです。識別するとか情報を得るというのは、差異性とか電位差がないとわからない。だから水のエレメントの世界はどんなものかと問いかけて、水の中に入ってみるともうわからない。特にチーズ色の三日月は、女性の首に埋め込まれており、首は思想とか思考とかであり、その世界においての活動性を表します。三日月の示す水のエレメントの思考を抱き、この思考の世界に住んでおり、そして水と同化しているので、自分の置かれた状況を知らないということです。

　私達は太陽系の中に住んでいるので、太陽系は無色透明で、私達が住む太陽系のカラーについては何一つ説明できません。

　例えば、星の神話で、さまざまな星については特徴や個性、神話としての物語があります。ですが中に入るとそれは無です。この太陽系につ

いて、さらに地球について特徴を説明できる人は、よその宇宙に行った人だけですが、それでも太陽系とか地球に長く住むと、もうわからなくなります。

　引っ越しした直後には、新しい町はとても新鮮であちこちを見て歩きたくなりますが、しばらくすると、この町には何の特徴もないと感じるようになります。

　今、私の事務所があるマンションは、1階に飲食店があり、肉を焼いた匂いが強いので、引っ越し直後にこんな臭いところで過ごせるのか疑問でした。しかし、1か月もしないうちにわからなくなりました。

　とりわけ水のエレメントは同化するという性質が強力です。異なる液体を混ぜるともう分離できなくなりますから、同化、あるいは自己同一化を眠りと解釈するならば、水のエレメントは瞬時に眠る世界なのです。川を流れる死体のようなものだといえば、これはかなり正確な描写という気がします。立てないのですから。

　夢を見るというのは肉体が停止して、この中で精神活動が生じるのですから、死体が夢見ていると考えることもできます。しかし、夢体験が肉体の範囲を飛び越えて大きく拡大すると、この銀色の三日月の中での活動とはいえなくなります。

16　青色の円

私はfacebookに次のように書きました。

夜眠る前に、記号を持ち込むと、その記号に応答する夢を見る。具体的な質問をすると、この具体的な質問をエーテル体が拾わないことも多いので、具体的な質問には夢は答えない。つまり具体的な言葉は、物質体の世界でしか通用せず、エーテル体は知らないと言う。で、この記号持ち込みのテストを毎日しているのだが、いっけん、正しく回答していないと感じることが三日続いた。正しく回答していないと感じたので、同じ記号を三日続けたのだ。でも、今日わかったのは、ちゃんとまじめに答えており、私が気に入らなかったというだけの話だった。やはり、あの夢の中でのタバコを吸う男が言うように、ちゃんと聞いてる。しかし期待どおりに答えるとは限らないよ、という返答の通りなのかもしれない。ほとんどちゃんと答えているという現状をかんがみて、質問のスタイルが、具体的な言葉、象徴的な記号という幅の間のどのあたりが限界点なのかを調査してみても良い。これは物質体とエーテル体。制限された時空のポイントと、非局在の知覚のありかたの比較でもある。非局在とは、特定の場所に居つかない。つまりローカル言語を受け取らない。いつの時代でもどこでも通用するような記号、言葉でないとエーテル体はそれを跳ね除けてしまうのだ。例えば魚と言う時、これはローカル言語だろうか。それとも、集合無意識で通用する言葉か。あるいは地球でしか通用しない言葉か。私は宇

> 宙船を魚と定義しているので、すると地球よりずっと外まで通用する言葉になるのかもしれない。毎日夢時ャッチボールしていると、時々夢が領海侵犯してくる。その日のうちに割り込んでくるので交通規制したいと思っている。現世ご利益を望む人は、領海侵犯を熱烈歓迎するだろうが。

　青色の円を思い描いて眠りましたが、この文章の通りに、それを三日続けました。

　最初の日に、私はワインレッドの色の丸いボタンを押していました。しかし青色でなくワインレッドだったので、それは提示した記号と違うということで、私は気に入らなかったのです。

　青色という時、私達は青い空を思い浮かべます。それは個人所有にならず、誰にも等しく開かれた、つまりはオープンマインドを暗示しているのが青い空です。上空にあるので、それは物質的でなく精神的です。一日目のイメージはこれを上手く表現していないと感じたのです。

　二日目に、私はたくさんの人がバスに乗っている前で、ホロスコープの基本的な仕組みについてごく簡単なことを解説していました。すると、バスの前に立っている一人の女性が私のいうことを復唱して、バスの中の全員がそれに納得していました。

　私が直接いった内容はあまり伝わらず、仲介者が必要だったのです。その女性は実在の女性ですが、私の記憶では、乙女座の27度の天体を持っており、この度数のサビアンシンボルである「貴婦人のお茶会」の特徴を持っていることが印象に残っています。これは人々に教えを仲介するためのお茶会とかセミナー、サロンを開く女性を表しています。一般人はそうした仲介者がいないことには理解できないのです。

青色の円はチャクラの対応では胸のアナハタ・チャクラ、あるいは生命の樹ではティファレトで、これは太陽を象徴としています。

私は太陽を恒星太陽と、太陽系内部の惑星に向けた顔としての二極化太陽の２種類に分類します。太陽は上に向けて月であり、下に向けて太陽であるというヘルメスの言葉の通りにです。

夢の中で私のいうことを復唱してバスの中の人々に伝える女性は、この太陽の役割をしており、これは現世での指導者とか支配者です。私がワインレッドの円を見ていたのは、上からの視点であり、下から見ると、この円は青色なのです。下から見ると個人が占有できない共有されたもの。上から見ると、それは独占とか占有の赤系統であり、代行者が一人で占有しているように見えます。

二日目以後は、この仲介者がいないケースについて見ていました。何かしら手こずる感じでした。三日目は色彩鮮やかな遊園地の向こうにある電車に遅れて乗れなかった夢を見ました。この電車は一日目に見たバスのバリエーションです。二日目も、三日目も太陽という仲介者がいないケースについて説明していると思われます。仲介者はメッセージをすべて地上的に変換するので、二日目も三日目も、この仲介なしでわかりにくいメッセージを伝達するのにどうすればよいかを考えていたのです。「今はわからないだろうが」という前提で説明しますが、あまりスムーズではないのです。

蟹座の５度に、「列車に衝突されて大破する自動車」というサビアンシンボルがありますが、自動車は小さな集団意識。列車はもっと多数が乗るので、大きな集団意識であり、蟹座は集団意識を示すサインなので、小さな集団意識を飲み込んでどんどん拡大する性質があります。

小さな集団意識は大きな集団意識に嚙み砕かれます。バスは列車よりは少し小さい集団意識です。私一人では列車を乗り過ごし、仲介者がい

ると、バスの中の人々にメッセージは伝わる。

　私の本体は雲の上にいて、これが一番落ち着く場所です。となると、私が住むエレメントは、風の元素であり、いつも上空にいて、大地の具体的な諸々に接触しないといえます。

　ずっと昔に、夢の中にゲリー・ボーネルが出てきて、私を「出雲族だ」といいました。この意味がわかりにくいので、出雲族とは何かをサーチしました。すると、日本列島の上に長い雲があり、この中から女性が下に向けて顔を出しました。顔は笑っていました。これが雲から出る光としての出雲という言葉の意味だろうと思います。出雲族は、本来、地上には降りてきません。ですから、これは鳥の鉤爪を持つリリスとか天狗族とかと親近性が高いのです。

　眠る前に青色の円の記号を打ち込んだ時の夢は、私が風のエレメントを中心に生きていて、そうするとどうすればよいのかを考えている状態を示しています。地上との仲介者を立てるか。それとも、仲介者なしに、謎かけのようにして、語りかけるかです。象徴言語のまま、具体的な事例には何一つながないまま話すということも可能です。すると理解にはそうとうの時間はかかります。

　facebookで書いた領海侵犯というのは、夢の中の仲介者をするという役割の人が、実際に名乗り出てきたことです。人も集められるといいました。本人は私の夢の話を知らないのですが、夢を見た次の日に積極的に展開するといっていました。さらに数日の間に、数人の人が名乗り出てきました。

　夢では占星術のことを説明していたのですが、夢の後、数日中に、この占星術で仲介者になるといった人が二人。それ以外はスピリチュアル系です。

　下から見るとオープンな開かれた空。上から見るとワインレッドの丸い

ボタン。ニーチェ式にいえば、昼の太陽はアポロンで、夜の太陽はデュオニュソスです。

デュオニュソスにはマイナス教団がいて、これは仲介者としてはラジカルです。『日本大百科全書』（小学館）では以下のように書かれています。

　ギリシア神話の酒神ディオニソスのうちに示される陶酔的・創造的衝動と、太陽神アポロンのうちに示される形式・秩序への衝動との対立を意味する。既にシェリングは、内容が形式に優越する詩と、両者が調和した本来の詩との対立を、またニーチェの師リッチュルは笛（ギリシア語でアウロス aulos）と竪琴（たてごと）（ドイツ語でキタラ KitHara）との対立を、この対概念でとらえている。しかしこの対概念が広まった機縁は、ニーチェの『音楽の精神からの悲劇の誕生』（1872）である。すべてを仮象のうちに形態化・個体化する造形芸術の原理としてのアポロン的なものが、個体を陶酔によって永遠の生のうちに解体する音楽芸術の原理としてのディオニソス的なものと結び付いて、ギリシア悲劇が誕生する。それはいったん楽天的・理論的なソクラテス主義によって滅亡したが、ワーグナーの楽劇のうちに再生すると若いニーチェは考えた。ただし、後年のニーチェはこの対概念を用いず、永遠に創造し破壊する生の肯定という彼の哲学の核心を、ディオニソス的と規定している。［小田部胤久］

私はよく夢でバスに乗りますが、その時、バスの中にはたいてい女性

が鮨詰め状態で、彼女達はお菓子を食べながら互いに勝手にしゃべって盛り上がっています。これは私のクラスターのスタッフのようなもので、今回見たバスや列車とは違います。この勝手にやっている雰囲気は、どこかマイナス（教団）を思い出させます。

　デュオニュソスは酒神ですが、夢の中の丸い円は葡萄酒の色でもあります。詩の衝動と酒神ということからすると、李白はデュオニュソスのようなものかもしれませんが、これは夜の太陽の側面です。

　マイナスについてもう少し理解するためにwikipediaを引用します。

　　マイナス（希：Μαινάδη、英語：Maenad）はディオニューソス、バックスの女性信奉者である。ギリシア神話、ローマ神話に登場する。マイナデスは複数形。」「マイナスは『わめきたてる者』を語源とし、狂暴で理性を失った女性として知られる。彼女らの信奉するディオニューソスはギリシア神話のワインと泥酔の神である。ディオニューソスの神秘によって、恍惚とした熱狂状態に陥った女性が、暴力、流血、性交、中毒、身体の切断に及んだ。彼女らは通常、キヅタ（常春藤）でできた冠をかぶり、子鹿の皮をまとい、テュルソスを持ち運んでいる姿で描かれる。そこで未開時代に見合った粗野で奔放な踊りを踊る。ローマ神話では、ディオニューソスに対応するバックスに狐の皮（bassaris）を身につけさせる傾向が強くなった後、マイナスはBassarids（またはBacchae、Bacchantes）としても知られることとなった。

＜https://ja.wikipedia.org/wiki/マイナス_（ギリシャ神話）＞

バックスに狐の皮という点では、日本ではデュオニュソスとマイナス教団は、稲荷大明神と眷属（けんぞく）の狐の集まりにも似ています。
　夢の中でバスの乗客達に説明をしている女性は、夜の太陽でなく、青い円としてのアポロンの側面で、そうするとバスの中の乗客はおとなしいのですが、私一人で対すると、バスの中の女性達はたいてい喋り騒ぎ笑っていたりします。
　上から見たワインレッドと、下から見た青色は、立場が逆転しているようにも見えますが、より上空からのアプローチは下界の自由性と狂乱を作り出すというのはそう不自然には見えません。
　こじんまりまとめたいのは、下界と太陽との中間にいる仲介者であり、確かにこの仲介者は権威的な性格を持っていました。青色の円は、上からと下からでは意味が変わってくるというのが興味深い夢でした。そして青い円には、実は仲介する性質があるということも。チャクラでいうアナハタ・チャクラは上と下という全く異質なものをつなぐ性質が特徴です。

17　言葉の翻訳

　物質界、エーテル界、アストラル界、メンタル界はそれぞれ法則に違いがあり、これは言葉の違いにたとえられます。

　物質界での言葉、文章はほとんどエーテル界には受け取られません。そのため眠る前に物質界の流儀で問いかけをしても夢は答えてきません。例外的なものとしては、物質界での活動にエーテル体を連動させているケースがあり、こういう場合には、実生活と夢の情報の行き来が地続きの場合もあります。

　例えば、私は少し前に、処分しようと思っていた真空管アンプ（300Bシングル）で、今使っている重たい4ウェイのスピーカーを鳴らしている夢を見ました。

　そこではクラシック音楽が雰囲気ゆったりと鳴っていました。そもそも、このパワーのない真空管アンプでは今のスピーカーをとうていドライブできないと思っていたのですが、夢でこの光景を見てから気になってつないでみたところ、そう悪くないので、今でもその組み合わせで聴いています。

　こういう小ネタで夢からアドバイスされることは、私の場合には頻繁にあります。しかし、はっきりいって、これは夢の無駄遣いです。ですから、やめてほしいと私は思っています。

　facebookの中で少し書きましたが、ある日見た夢で、外国人のような男性が、タバコを吸いながら、「問いかけは受け取るが、期待通りの回答をするとは限らない」といいました。これは私が銀色の三日月という記号を打ち込んで眠った日の話です。

三日月の夢を見た後の時間、明け方起きる直前の夢です。男性はメモを書いた１枚の紙幣を渡してきました。そのことで、期待通りの回答をするとは限らないという意味がわかりました。紙幣は国によって違います。そもそもその国でしか通用しないのです。メモは紙幣に書かれており、メッセージは翻訳しなくてはならないということなのです。

　夢を見た人は、夢がたいてい象徴的な現れ方をするので、それを解釈しようとします。この解釈作業はインドのルピーを日本円に換金するような作業です。翻訳をするのは楽しい作業です。この翻訳の段階で、情報は変形し、ひずんだものになります。

　そもそも、アストラル界をエーテル界に、エーテル界を物質界にというふうに正確に翻訳することなど不可能ですから、この変形は問題ではありません。

　エーテル体は広い時空間に広がります。過去に行ったり未来に行ったりします。しかし物質界とは特定の時空に縛られ、その場所でのみ通用する法則に支配されていきます。特定の時空の言葉で、広がるものを表現できるかというとそれは無理で、具体的などれも示すことのない象徴言語にするしかありません。

　情報は翻訳された段階で必ず歪曲が生じ、ビット落ちを起こします。これが当たり前であると考えると気楽なもので、例えば夢を見た時にもたくさん見たものを全部記憶する必要はありません。重要と思えるもの一つだけ、それこそキーワードだけでもよいのです。

　眠った時にはエーテル体は肉体とつながっており、死んだ時のように切り離されることはないので、この肉体とのつながりがあることが原因で、夢の象徴的な映像は起きている時に記憶した内容をかなり借りており、実在の人物とか知り合いなどが登場したりします。しかし情報はエーテル体の法則で組み立てているので、実際の知り合いが夢に出てきたとし

ても、それは本人を表すことはまずありません。実際に記憶している人物のタイプ、何らかの片鱗を借用したものであり、現実の相手とは別物であるということを前提に、なぜその人が出てきたのかを考えてみるとよいのです。

　肉体とエーテル体が糸でつながっているために肉体的な記憶を借用しているのは、手近に便利なものがあったから、という程度です。死ぬとエーテル体の糸は切れますから、すると現世的記憶、イメージのあり方などが急速に消えていくし、人の形というものも使わなくなります。

　人の形は地球上の物質界にしかないのです。ものの大きさも身体との比較で決めていたので、身体を失うとものの大小の判断の基準はなくなります。死んだら、それまで生きていた地球の特定の時空間とのつながりも失うことがほとんどで、そのピンポイントを探し出すことができなくなります。

　ならば眠っている時には、物質界の情報や思考方法の混入があるのだから、夢は正確なメッセージではないのではないかと考える必要はありません。エーテル体は物質界とは違う法則で働くからです。そして物質界のイメージを、エーテル界の流儀で再利用していると考えれば混同はしなくて済むのです。

　エーテル体の物質にかなり近い領域では、物質界に対する何らかのアドバイスとして働くこともあり、この場合には予知夢なども出てきます。

　エーテル体は時間と空間が滲むので、遠いところのもの、未来のものを見せてくることがあるのです。これはエーテル体が物質体に近づこうとする時間帯に出てきやすいので、起きる直前などに見やすいでしょう。これをすればするほど、エーテル体のより高次な領域へ関心を向けるという比率が減るので、近くのことはわかるが遠いことはわからない人になります。

霊能者に鮮明な予言をする人がいますが、精神的に高度ではない人が多いのもこれが原因です。一度こうした霊能者に会ったことがありますが、驚くほど狭苦しい世界に住んでいましたが、当人はそれ以外の世界を認識できず、自分では広い世界に住んでいると思い込んでいました。
　それぞれの界で法則と流儀が違います。互いが交流する時に正確な翻訳など存在せず、近似値を求めるしかないのです。私はこの間違いだらけの伝言ゲームがわりに好きです。
　地球物質界はその場所での閉鎖的なガラパゴス的な原理を大量に作り出しました。科学にしても物質界でしか通用しない怪しいロジックが満載です。それによって、ますます他の次元との接点を失ったのです。歪曲は極端にならない方がよいのですが、しかし、それぞれの世界との関わりの特有の面白さは、この歪曲にあり、たくさんの笑い話を作っていくのです。
　宇宙人は意思疎通に型の共鳴を使います。そもそもエーテル体の紐は型共鳴するものの間に張られます。この点では地球文化が独自のものを作れば作るほど、共鳴できる型が減っていき、宇宙人は地球に近づけなくなり、この地球独自の体系をすべて追体験するためには、胎児の段階で地球に入り込み、地球体験をトレースして、やっと地球文明を理解します。しかし型が違いすぎるので、今度は元の世界に戻れなくなる場合もあります。
　オースティン・オスマン・スペアは、言葉を記号化し、記号化した後、元の言葉の意味を忘れました。忘れないことにはその言葉が効力や魔力を持たないのです。これは物質界言語を、エーテル界言語に置き換えるのと同じです。そして物質界の言葉の記憶喪失をすることで、物質界からエーテル体を開放します。するとエーテル体は飛び立ちます。それを日本神話に頻繁に出てくる白い鳥とみなしてもよいでしょう。

サビアンシンボルの中では、獅子座の22度に「伝書鳩」というのがあります。伝書鳩はどこかに飛び、そこからお手紙を持ってくるのですが、この鳥がエーテル界に飛んだ時には、持参したお手紙は物質界の言葉ではありません。改めて違う人が翻訳する必要があることもあり、この翻訳者を「審神者(さにわ)」と呼ぶこともあります。

物質界とエーテル界ははっきりと落差があるもので、エーテル界の言葉が意識された時、物質界の言葉は沈んで消え去ります。私達が使う言語は物質界の中でのみ成り立つもので、物質界とエーテル界の境界線では、この言葉は存在しなくなり、エーテル体の言葉のみが成立するので、このエーテル界の言葉を使わないことには、夢は答えてこなくなるのです。

この物質界の言葉を忘れるというのが、スペアの技術ですが、私はずっと長い間、どうやったら忘れることができるのだろうと思っていました。どうやらスペアは瞬時に忘れることができるようなので、それは特殊技術に違いないと思っていました。しかし、ヘミシンクなどで変性意識に入ると、物質体の意識が失われ、エーテル界の意識が目覚め、この切り替えは極端で、まるっきり別人のようになったりします。つまり物質界の言葉はエーテル界に入れば自動的にそこで最初からなかったかのように失われていきます。

スペアが記号の意味を忘れるというのは、物質界からエーテル界に入ると、自動的に行われるということです。エーテル界で通用する記号は物質界での記憶を失うことで飛び始めるのです。

物質体は「いま・ここ」でのみ成立します。この身体の外はもう自分ではありません。極端に小さな陣地です。エーテル体はそこから離脱して、広い時間、広い空間に拡大していきます。そこで、エーテル体の言葉とは、飛ぶ、拡大する、推移するという傾向の中で成立しています。

物質体は低速でエーテル物質は高速です。つまりとどまるのでなく、ハ

イスピードで移動している移動の上にあるものがエーテル体言語といえます。鳥は動物の形であり、鳥の象徴的な要素はアストラル体を表しますから、エーテル体は鳥が飛んでいる部分を示しています。鳥が飛んでいるということを示している場合には、神話でも、またサビアンシンボルの中でもエーテル体を表します。

私が目黒に引っ越すきっかけとなったのは大鳥神社の祭神が夢に現れたことでした。この祭神は、日本武尊(やまとたけるのみこと)で、大鳥神社は同時に国常立尊(くにのとこたちのみこと)も祀られています。

大鳥神社のホームページを見ると、以下のように書いてあります。

景行天皇の御代、当所に国常立尊を祀った社やしろがありました。日本武尊は景行天皇の皇子であり、天皇の命令で熊襲を討ち、その後に東国の蝦夷を平定されました。この東夷平定の折、当社（大鳥神社）に立寄られ、東夷を平定する祈願をなされ、また部下の『目の病』の治らん事をお願いされたところ、首尾よく東夷を平定し、部下の目の病も治って、再び剣を持って働く事ができるようになったので、当社を盲神(めくらがみ)と称え、手近に持って居られた十握剣（とつかのつるぎ）を当社に献って神恩に感謝されました。この剣を天武雲剣と申し、当社の神宝となっております。当社の社伝によると、『尊の霊（みたま）が当地に白鳥としてあらわれ給い、鳥明神（とりみょうじん）として祀る』とあり、大同元年には、社殿が造営されました。当社の社紋が鳳凰（ほうおう）の紋を用いているのはこのためです。また、江戸図として最も古いとされる長禄の江戸図（室町時代）に当社は鳥明神と記載されております。

〈www.ootorijinja.or.jp/yuisho.html〉

　鳥明神は、エーテル体での言葉を表す専用神社と考えてもよいのかもしれません。
　「尊の霊（みたま）が当地に白鳥としてあらわれ給い」というところでは、白鳥が飛ぶところがエーテル体の紐、あるいは線と考えてもよいでしょう。
　動物系知覚では鳥が移動しますが、植物系知覚としてのエーテル体知覚は蜘蛛の巣とか植物のようなもので、鳥が飛ぶのでなく線が伸びていくのです。
　私は、日本武尊は東征したのでなく、むしろ蝦夷（えみし）の方から西へ攻めたという考え方をしていますが、それはともかく私は大鳥神社のベンチで5分休憩した後に、その夜に、夢にこの日本武尊が現れ、私のその後の8年間の計画について説明したことで、まるで獅子座22度のサビアンシンボルのように尊の霊が白鳥としてお手紙を持ち込んできたと解釈することも可能です。もちろん、日本武尊は応身です。
　私の引っ越しのコースは縄文の海を移動していたといいましたが、これはエーテル体でないと識別できない、エーテル体においての地図です。
　海の上を白い鳥が飛ぶというのは、ノアの箱舟の話で、サビアンシンボルでは、牡牛座の22度に「荒れた水の上を飛ぶ白い鳩」というのがあります。夢の領域では、まずはエーテル体の海を飛ぶ白い鳥に手紙を託し、次に物質界での記憶を失う、すなわち切り替えるということができれば、その後の旅は、スムーズです。
　文字はエーテル体のラインの交差点、結節、方向転換を記号化したも

ので、この方向転換の記号がないのならばエーテル体は直線を進むままで、そこには新しい意味が発生しません。意味は落差で生まれるのです。

スペアのシジルは、古来から使われている言葉でなく、その場でしか通用しないものです。忘れるためにあるので、古来から使われた言葉だと、物質体で記憶してしまい、あまり効果的でないということもあるのではないでしょうか。

ここで古くからあるヘブライ語やエノク語、フェニキア文字などを使うと、余計なものが付着して、メッセージに歪曲が生じる可能性はあるし、そもそも物質体として失念することができません。物質化し記録された文字はあまり使い物にならないとして、しかし日本人からするとあまり意味のわからない文字は、まずは初期段階では練習用として使える可能性はあります。ただし、慣れてしまうと使うのは無理でしょう。

物質体ではわからないが、エーテル体ではわかる文字というのは、地球文明においてはエーテル体を使っていた時代に存在し、その後、物質文明がエーテル体を否定したあたりから衰退し、歴史から消えた文字だと考えるとよいでしょう。紙に記録することのない口伝ならば残っている可能性はあります、

日本武尊の妻、オトタチバナヒメは走水(はしりみず)(浦賀水道)で、海に飛び込みましたが、牡牛座の22度の「荒れた水の上を飛ぶ白い鳩」の荒れた水とは、このオトタチバナヒメが飛び込むことで鎮まったのでしょうか。

目黒の大鳥神社で接点のできた日本武尊が今後の8年のことを説明したのは、時間の物語ですが、その後、私は引っ越しの時に縄文の海を移動していたので、これは空間の物語でもあり、ともに同じことであり、そもそも日本武尊は日本の平定のためというよりも、白鳥に変身するように、飛ぶことに本質があり、平定するというのもエーテル体の糸を通して意味を統一していくことであり、そこに乱れがなくなることです。

海の水は言葉を埋没させ、鳥の移動を停止させる。オトタチバナヒメは渡れない海に通路を作った。そもそもサインの22度はどのサインでも21度を着地させるもので、牡牛座に対応するタロットカードの「2女教皇」の持つ書物の一文をそのまま実際化、物質化させようとすることです。つまり、決まったコースを辿る道です。私の縄文の海移動コースは、書物の一文をそのままトレースしたというものですが、海が荒れていると、鳥ないし記述が埋没したり混乱したりして、その後のコースが少しわからなくなるということもあるのでしょう。これは水のタットワが同化して、動きを止めてしまったということにも関係あるのかもしれません。鳥はそこで水に浮かぶ死体になってしまうのです。方向を見失うのは剣を失うことで、盲目になることと同じです。

　睡眠時、記号を作り出し、そのうち眠り込んで記憶がなくなる。しかしその時エーテル体の文字に翻訳され、白い鳥になって飛ぶということは、誰でも毎日寝ているのですから、練習の機会はたっぷりあります。

　私は特に、この起きている時の記号、寝始める時の記号の変化というものに関心を持っています。思い描いたものがやがては巨大化したり、強

「2女教皇」

迫的になったり、型崩れしてバケモノ化したりするということを毎日体験しています。ずっと以前、夢をあまり意識的に使わなかった時期には、寝入る時には暗い渦に吸い込まれる感じでした。これはシュタイナーのいう「エーテル体の奈落に落ちる」という言葉がぴったりです。しかし記号をイメージ化すると、この異常と感じる変化に気をとられて、奈落に落ちるというよりは、クジラに飲まれるというところです。

　そして、スペアのシジルを記憶喪失するというメソッドは、ここでは記号の連続的変容によって、記憶が無段階的に破壊される中で、上手く果たされている気もします。

18　赤い三角形と濃いエーテル体

　下位エーテル体は、物質という「いま・ここ」にある局在的なものと結びつき、さらには肉体から遠く離れた宇宙にまで拡大します。これらをまとめて一括りにするには幅がありすぎます。
　一番下は肉体に結びつき、一番上はアストラル体の受け皿になるという理屈からすると、肉体とアストラル体の間にかけられた虹のようなもので、虹には七つの色、あるいは段階があります。この虹のような階梯は矛盾に満ちていて、そもそもが物質肉体という局在性と、全く非個人的なアストラル体、すなわち非局在性を結びつけるとしたら、このエーテル体にかなり無理な役割が押しつけられ、どこかに大きな暗転があるということにもなります。
　アストラル体はエーテル体に働きかけ、エーテル体は物質体に働きかけます。自分よりも低い振動密度のものを対象化するが、自分よりも振動密度が高いものに対しては対象化され受け身になるしかないという理屈からすると、エーテル体が徐々に上位の意識に近づくにつれて、それまで継続したエーテル体の意識には断絶が生じるはずですが、その前にまずは物質体とエーテル体のつなぎ目に暗転があり、次にアストラル体に近づくにつれて二番目の暗転があるということになります。
　青い丸について探索することに三日費やした後に、次のテジャス、すなわち火のタットワの記号である赤い三角形の記号を寝入りばなに打ち込みました。三角形とは創造性とか能動的働きかけ。赤色はスペクトルとしては紫色、紺色、青色、緑色、黄色、オレンジ色、赤色という七つの序列の中では一番下にあります。チベットのチャクラでは、赤色の三

角形はマニプラ・チャクラに対応し、これは下から三番目のものですが、西欧式のスペクトル順にチャクラ配置するという考え方からすると、赤色は一番下のムラダーラ・チャクラであり、すると今度は三角形という図形が合わなくなります。

　三角形は可動性なので、これは上から三番目の喉にするか、下から三番目の押しの強いマニプラ・チャクラにするかどちらかが向いています。物質界は死んで動かないようなものなので、ここに三角形を当てはめるのは正しくありません。

　とりあえず、何も考えずに図形を思い描いて眠りましたが、広い部屋にいて、この中で私はサーフェスのようなタブレット型パソコンか、あるいはアンドロイドのタブレットのようなものでゲームをしようとしています。ゲームはしたことがないので、ここではそれがどういうものか知りたいというのもありました。

　タブレットでゲームをする前に「艦これ（艦隊これくしょん）」という言葉が思い浮かびました。「艦これ」というのは聞いたことが、ありますが内容は知りません。これもゲームらしいが、一度どんなものか見てみたいと思いました。

　目覚めた昼の私はこれらに関心がなく、見る気がありません。しかし、夢の中で、「艦これ」らしきものは現れず、何か図形がレイヤーとしてたくさん重なっているようなものをタブレットの中で見ています。

　そのうち、誰かが「出かけよう」といってきます。その誰かはゲームの画面に没入している私の腕をつかみ引っ張ります。画面から部屋の中へ。さらに部屋から外へと引っぱっています。

　この引っ張る力がかなり強いので手が痛くなり、この痛みで目が覚めました。が、まだ腕は引っ張られており、目が覚めたので徐々にこの痛みと引っ張る腕の印象は薄れていきました。

幽体であれば腕を引っ張られると、そのまま体外離脱しますが、肉体の手と腕をつかまれ引っ張られているので、それに従うと私はそのまま寝床から移動しなくてはなりません。

　このように夢が夢の世界からはみ出て、物質的領域にまではみ出す体験は私の場合、多いかもしれませんが、私はこれを「夢の領海侵犯」だと呼んでいるのです。

　「艦これ」については艦隊とそこに若い女性が登場するらしいので、艦隊、女性というセットでは、広島県呉市の近くにいる弁才天というふうに脳内変換されます。

　出口王仁三郎は呉の海に龍神が住んでいたといいます。この龍神イメージは、太平洋戦争時代に、呉市で製造される戦艦に投影されていると思います。戦艦大和などのイメージはその意義を龍神というものにダイレクトに託されています。

　そして弁才天は戦いの神でもあり、タキツは突く、タギリは切るなど戦闘行為を表し、三人の女性というのは日本人の場合、集団無意識の記憶として弁才天を思い出すことは多いのです。呉市の近くには厳島があります。この三人の弁才天は三角形で描くことも多く、ミツウロコのような図形になるので、これが赤色の三角形と結びついたのかもしれません。

　戦闘はマニプラ・チャクラ、そこに三角形の弁才天が結合して、「艦これ」になったのでしょうか。

　寝て見る夢は、エーテル体が肉体とつながっていますから、物質生活において記憶した象徴イメージを盛大に利用しますが、意図や意味はエーテル体の方が主役なので、物質生活においてのイメージが持つ意味については全く遠慮なしに無視します。この夢でも「艦これ」という名前だけを利用したところで、実際の「艦これ」というゲームについては知ら

ないというところです。

　三人の弁才天はオリオンの三つ星に対応しており、江ノ島の神社の配置は実際にそれを象(かたど)っています。オリオンの三つ星は「銀河の創造の坩堝(るつぼ)」といわれており、ここからさまざまな宇宙種族が生まれてきたといわれています。

　主にこの創造の穴はミンタカの近くか、あるいは人によってサイフに近いとも思われています。これが3番目のサインである双子座と結びつけられることもありますが、サインと恒星の位置は徐々にずれていきます。このゲームは小さなタブレットの枠内で試みていたのですが、そこから腕をつかまれて引き出された。しかしさらに、夢の世界からこの物理的な世界にまで引き出されたということで、枠を突き破る2本の腕ということが特徴的でした。

　エーテル体は七つの層になっているのですが、一番下は物質体につながっています。物質体に一番近いエーテル体は物質を表にした時に裏の位置になり、またエーテル体を表にしたら物質体は裏になります。ということは、この一番低いエーテル体は物質体と表裏の関係で結びつき、物質体での男性はエーテル領域で女性になり、また物質体での女性はエーテル領域で男性になります。さらに上のエーテル領域では男女はなくなります。つまり物質体でのみ成立するジェンダーは、その補色作用として、一番下のエーテル領域で性が反転するというのは理屈として当たり前に見えます。

　12感覚の説明では、私はこの表と裏の関わりは乙女座の視覚の項目で説明しています。乙女座の排他機能は見えるものだけを信じるというものですが、そうすればするほど、見えないものを強調しているようにも見えます。これは乙女座の10度の「影の向こうを見る二つの頭」というシンボルに上手に描かれています。物質の裏側にはエーテル界の階段の

入り口があり、そこでは性が反転しています。

　この夢では、実際に私は女性であり、私の腕を引っ張ったのはどうやら押しの強い男性のようでした。「そんなタブレットなんか見てないで、どこかに出かけよう」といっているかのようです。腕を引っ張られて物質界にはみ出した時、エーテル界で女性だった自分はここから急速に男性に変化するということになり、熱い鉄が冷えるように短時間で物質界の知覚に戻りました。

　物質界から見ると、エーテル体というものは物質界特有の特定の時間と空間の中にある局在性の牢獄から解放してくれる力に見えてきます。エーテル体は物質に対して解放者であると同時に、それは物質体を傷つけるものです。ということは主体（自我）をエーテル体に移すと、エーテル体からは物質体に対して、こじ開けるというような作用として働きかけることができるということにもなります。物質体に自我を置くと開かれていく。エーテル体に自我を置くと自分がこじ開けていくということです。

　この物質に対する働きかけは、物質に直接接している一番下のエーテル体にのみ可能なことです。より上位のエーテル体はアストラル体が下りてくるための受け皿に専念するので、物質に対してほとんど関心を持っていません。

　facebookで以下のように書きました。

昨日の講座で、濃いエーテル体について話したが、エーテル体は物質体とアストラル体の間に張られた橋だとすると、これを虹のように7つの階梯に分類できる。そうしないことには、エーテル体の機能が多様すぎて混乱する。この場合働きかけは常にアストラル体からエーテ

ル体に、エーテル体から物質体にという方向であり反対方向はない。振動密度が高いものは低いものを対象化し、自分よりも高いものからは対象化されるということと同じ。で、昨日ハワイのカフナでは、墓場の死体からエーテル体を抽出すると説明したが、古代の日本ではこれと似たようなことは日常茶飯事で行われていた。共同体の中で誰かが死ぬと、その魄を食べた。ミンダナオで、死に行く戦友が俺を食べて日本に連れて行ってくれと言ったケースと似ている。物質肉体に置かれた自我を、エーテル体に移すと、エーテル体の側から物質に働きかけるという視点になる。この接点が物質体に近ければ近いほど物質そのものを動かすということになる。これをしてはいけないというのは癖になるからだ。物質体からエーテル体に自我を移すと、物質体とはまったくタイプの違う自分を発見するというのは当たり前だ。それは裏人格だ。そこで魔術的人格というものを想定することもあるのだろう。この魔術的人格は、物質体に働きかける専用か、それとも、上位のアストラル体を引き下ろす専用か、あるいは両方に使えるものなのか、いろいろかもしれない。長いローブを着ている時には、これはエーテル体の私なのだと意識することになる。またエーテル体は人の形をしていないと説明したが、バリのお面とか、形相の派手な極彩色の仮面などは、この低いエーテル体を模したものだ。物質に近いということは、人の形に少しだけ近いのだ。だから反対の性にもなる。エーテル体の7段階をたどると、パラパラ漫画としてのシェイプシフターになる。物質に働きかけるとは、科学のことだが、精神に連動する働きかけは濃いエーテル体で、精神に連動しない働きかけは科学ですると良いのでは。神社の祈祷は明らかに物質体に働きかける力もある。宮司がそのテクニックに通暁していればの話だが。秦伊侶具はエーテル体の扱いの達人だったと思うのだが、これに似た人が現代に

> いると神社機能の根源的なものを活用できるだろう。

　目覚めてもなお腕を引っ張られて痛かったという時、痛いというのは、私は分離意識とみなします。エーテル界から物質界に降りるのは分裂、分岐であり、それは痛みを強めるのです。
　反対に、融合とか回帰は、快感とか喜びとして受け止められていきます。結局、赤色の三角形の時に、単純にテジャスのタットワを解説した夢にならず、そこに複合的なものを盛り込んできたのです。
　三角形の創造性は無数の分岐を生み出し、弁才天の場合には子供を産むという意味と、分岐の結果の衝突、勢力争いが生まれ、戦争では戦いの神になる。さらに赤色は虹の中では一番物質に近いものであり物質に働きかける力を持つ。
　タブレットの四角形の枠の中で、ミツウロコの三角形が働いていたので、ここではタットワでは黄色い正方形の中の赤い三角形、すなわち土の中の火という解釈もできますが、二つの腕は、この関係性をいったん壊して、四角の中にある三角形を外に引きずり出しました。二つのタットワの図形の組み合わせは、この二つの関係性に主客ということも成り立ちそうで、主客が逆転するという暗転を起こすと、入れ替わります。
　プラトンは、四元素は入れ替わりが可能だと主張していますが、四角形の中の三角形を外にはみ出させるには、この四角形の意味、三角形の意味をいったん無化する作用が必要で、これが２本の腕の力かもしれません。ピュタゴラスのテトラクテュスの図では、物質界を四つの点、エーテル界を三つの点と定義することもできるのではないかと思うのですが、より始源的、上位にある二つの点は下の三つ、四つをコントロールしたり、立場を入れ替えたりできるのではないかと思います。

シュタイナーは、アストラル体は物質界に関心を抱き、地上に接近したので、その代わりにエーテル界はアストラル界の上の領域を受け持つことになったといいますが、二つの腕は物質界にはみ出すまでの強い力で引っ張ったのです。アストラル体はその強い欲望によって、物質界に接近しました。つまり、腕はエーテル界領域から、物質界に引きずり込もうとしました。

　しかし、基本的には物質界に対する力はエーテル体の一番低い場所にあり、日本では稲荷神社の狐は、この一番下のエーテル体に関係し鳥居も赤く塗られています。少しソフトなもの、つまり下から二番目は茜色です。

　ずっと昔に、私は講談社現代新書で狐に関する本（『日本人はなぜ狐を信仰するのか』）を書きました。その時に参考までに、稲荷神社に置かれる石の狐の像を購入し、大きいものを二つ、小さいものを二つ所有しています。何度か引っ越しした時にもこれは捨てるわけにはいかず、いつも事務所のバルコニーに置かれています。狐を捨てるわけにはいかないのは、この一番低いエーテル体の領域について、もっと細かく解明するべきだからでしょう。

　物質界に対して力を持つ低位の魔術的人格は、物質的な肉体が持つ性とは反対のものであると書きましたが、これを発見するのに、一つの例として、ゲリー・ボーネル式だと鏡を置き、その後ろに蝋燭（ろうそく）を立て、鏡の周辺にその映像が出てくるというやり方を使うのではないでしょうか。あるいは、夢の中である日、反対の性の自分を見つけ出します。

　facebookで男性はエーテル体では女性なのだと説明した時、私の女性型は和田アキ子のようなものなのかという人もいましたが、私の女性型は和田アキ子のように素直な性格ではありません。この反対の性の特性は、物質界に対して支配力を持つのでおとなしい性格を持つはずもなく、

誰の影の半身もそう単純ではないでしょう。

　それは必ずといってよいくらい、物質体を傷つける本性を持っている、つまり地上に平和をもたらさないのです。

　タットワの図の黄色の正方形、銀色の三日月、赤い三角形、青い円の四つを試みたのですが、現状としては、複合的にしたり、はみ出したりするので、夢はこの四つの区画には素直に従っていないか、あるいは聞いてもいないところまで説明するような親切すぎる傾向があったのかもしれません。しかし基本路線は忠実に聞き入れるということもわかりました。

　複合タットワの25の世界を夢で探索するのはとても興味深いと思います。おそらく異次元世界の冒険物語も作れるでしょう。世界は常に四元素の組み合わせで作られています。そうでないと時間と空間というものが作れないのです。この複合タットワなどを使って、すべての世界を歩くということもできるのではないかと思います。

19 屋根裏部屋の鯨

　限られた時間と空間の中に存在する局在的な物質体と、非局在的な領域をつなごうとするエーテル体について、カバラの生命の樹の四つの連鎖で考えると、下半分は物質体と共鳴しており、上半分はアストラル体と共鳴しており、エーテル体単独の場所はどこにもありません。

　この生命の樹の四つの樹の連鎖は私が頻繁に持ち出す概念で、上からメンタル体のアツィルトの樹、アストラル体のブリアーの樹、エーテル体を示すイェツィラーの樹、物質体を示すアッシャーの樹という連鎖で、いずれも一つの樹の中ほどから、上か下の樹が重なります。

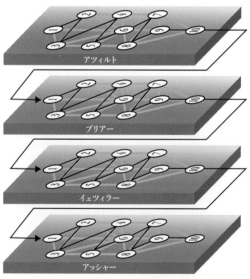

生命の樹と四つの界層の対応

生命の樹は10個のセフィラがありますが、横の陰陽分岐をまとめてしまうと縦に七つあることになり、チャクラとほとんど同じものです。ということはエーテル体の虹のような七つの層は生命の樹で考えると細かい分類ができるということになります。
　この原稿を書いている今日見た夢は、屋根裏部屋のような少し狭い場所で、女性が大きな鯨を扱っているものでした。
　鯨の上部の半分は切り取られており下側はまだ手がつけられていません。私がこの鯨は珍しく、誰も引き上げたことはないのではというと、女性はやや遠慮がちに「そうですね」と答えていました。
　この夢を見て、朝起きてから事務所に行きパソコンでメールを見ると、「クジラ」という人から、脳幹と第一頚椎（けいつい）に関係した内容のメールが来ていました。ここが神経の要だという説らしいです。
　夢の屋根裏部屋は家の上の方にある狭い空間ということで、人体では脳に関係しているはずです。女性が遠慮がちに答えた時、私はその女性が前から見知っている存在だと思いました。30年以上も前に、あるいはもっと前に夢で床屋さんの椅子に座っていて、背後に床屋さんの女性が立ち、私の髪を触っていました。女性の胸の位置と私の頭の位置が重なり、これを私は小天使の働きかけと考え、その後、何度も生命の樹の重なりの図を説明するために、このイメージを材料にしていたのです。
　ヘミシンクなどをしていても脳の改造が始まります。これはエーテル体を受けつけるように脳を改造することであり、それは定番的なもの、どんな精神的な体系に取り組んでも最初に始まる入門編といえるような処置です。床屋さんの夢を見てから、いつも頭を上空に引っ張られているような圧力を感じ、ときどき貧血になったり頭痛を起こしたりしていました。
　数年前に伊勢神宮で祈祷を受けた時に、同じように頭に強烈な圧力を

感じ、それが長く続きましたが、これは強制的にこじ開けて通路を作るというような感じでした。

　もし、ブリアーの天使ならば、私の頭の上に足を乗せていたはずです。夢の中で、屋根裏部屋で鯨を切り刻んでいる女性は、このずっと昔の夢の床屋さんの女性と同一だと思いました。この女性が今も鯨をいじっているというのは、ずっと前に見た夢と同じことを今でもしているということになります。とはいえエーテル界では地上界のように順番の時間の流れは存在しませんから、過去は未来になったり、未来は過去になったりもします。

　鯨はそもそも哺乳動物で陸地に住み、ある時期から海に移動した動物です。そして人間のサイズよりもはるかに大きいので、これは集合意識のシンボルです。哺乳動物的感情を集団意識に広げていく性質です。

　鯨をシンボルにするのは、くじら座のアルファ星、メンカルで、これは集団意識に働きかけることもあれば、反対に集団意識の犠牲になるという意味もあります。このメンカルは、そもそも海の鯨というよりは、アンドロメダ神話で、アンドロメダを食べるためにポセイドンが送り出した怪物です。

　私は他の本で、私が生まれる前に地球への案内者として至近距離までやって来ていた宇宙知性はアンドロメダ人だと一度ならずも説明したことがありますが、夢の中で床屋さんとして私の脳を改造していたのも、この人物の系列だと今回の夢の中で気づきました。

　どうして系列というのかというと、個人というものは存在せず集合体だからです。集合体といっても語弊はあります。必要に応じて個人にもなりうるというものです。

　アンドロメダ神話では鯨はアンドメロダを食べるために近づいてきましたが、私の夢では、マグロの解体ショーみたいなことをアンドロメダ

がしています。エーテル界ではそのように見た人の視点の都合で変化するし、そもそもその姿を暗喩(あんゆ)として解釈してよいのです。

　この夢は、私が物質に働きかけるのはエーテル体の一番下の層であると考えたことについて訂正してほしいというメッセージに見えます。赤い三角形の夢の次の日の夢です。

　三角形はマニプラ・チャクラに対応し、しかしスペクトル式の分類では、赤色はムラダーラ・チャクラに対応するので、これはどうしたことなのだということについての回答でもあります。エーテル体の一番下が物質界、エーテル体の一番上がアストラル界というのは、私がいつもしているように生命の樹をそれぞれ真ん中から次の樹につなぐという形式でなく、そのまま四つの樹を積み木のように重ねる図式で、カバラの説明などでは両方が採用されています。そのまま積み木のように積み上げる発想については、いつもの私は全く取り上げることがないのに、それでいてエーテル体の一番下は物質体であり、エーテル体の一番上はアストラル体につながると考えると、いつもと違うではないかといわれてしまいます。

　脳にあるかつて哺乳動物脳だった場所は、今は上半分が切り刻まれている。下半分は全部残っている。これを処理しているのは小天使です。

　クジラという人から来たメールでは脳幹と第一頸椎の話が出ていましたが、大脳辺縁系は、古皮質、旧皮質中間皮質、皮質下核の総称です。鯨をそのまま大脳辺縁系とまとめてしまえば、上にある旧皮質の側ははがされ半分が切り離されており、しかし古皮質はそのまま温存されているということになります。

　脳は物質体の一番上にありますが、これはエーテル体を示すイェツラーの樹の真ん中に当たり、エーテル体の七つのうちの一番下ではなく、チャクラでいえばアナハタ・チャクラくらいの真ん中から分離して、そ

の下半分は下に向けたもの、つまりアストラル体の受け皿ではなく物質体に働きかける側で、赤い三角形はアナハタ・チャクラよりも下側にあるマニプラ・チャクラに当てはめてくれということではないでしょうか。そして鯨の象徴を持つ恒星であるメンカルが表現するように物質体に働きかけるのは、まずは集団意識に働きかける必要があるということです。とはいえエーテル体は非局在意識へとつながるので、エーテル体そのものが既に集団意識的なものであり、ここでは物質体というのが個人の肉体と考えるのです。

　アンドロメダ神話では、鯨は海の中から出てきてアンドロメダを食べようとします。アンドロメダ姫は、岩に鎖でつながれ、これは生命は金属と鉱物を含む肉体に縛られるという意味です。さらにはエーテル界から物質界への働きかけをする鯨が飲み込もうとする。通りすがりのペルセウスは、この岩、鎖、鯨などからアンドロメダを解放します。

　いろいろな次元を旅するというのがアンドロメダ意識の特技で、このアンドロメダの能力は、神話ではアンドロメダ姫とペルセウスと鯨などが混在したセットになっています。地球という二極化された意識の世界

「18月」

「19太陽」

では、これらを複合してしまうと理解できないので、神話では、機能の一つずつのパーツ分解で説明するのです。

　特に全く反対の作用が同居するというのは二極化意識には理解できません。岩につながれるのと、岩から解放するのは同じ人という説明が謎に感じてしまうのです。

　ずっと昔には床屋さんの女性として登場した夢の中の人物は、今は大脳辺縁系に手を加えていて、旧皮質は切断して加工し、古皮質をそのまま綺麗に残しています。夢はタロットカードでは、「18月」のカードに関係します。

　このカードの絵柄では、上の新皮質は眠り、旧皮質はざわざわして吠えています。古皮質からザリガニが上がってきます。ザリガニはやがて成長して、次の「19太陽」のカードで、水の上に立つ尻尾のある子供に変貌します。

　夢の中で、鯨の上半分は、そのうちの頭に近い方の半分が切り離され、尻尾の方の半分は鯨本体に残されており、切り取られた頭に近い側は、さらに細かく二つか三つに刻まれています。

　タロットカードの場合、旧皮質に対応する場所は、吠える２匹の犬、城壁などがあります。どこを切り取り、どこを残したのかというと、下の古皮質と連絡できる場所を残し、残りの新皮質につながるだろう場所をさらに機能分割させているのでしょう。この切り分けはかなり複雑そうでした。

　「19太陽」のカードで、大脳辺縁系の発展した尻尾のある子供と、新皮質に対応するようなもう一人の子供が上手く対話するには、新皮質と大脳辺縁系がコミュニケーションを取る必要があります。このためには、大脳辺縁系の旧皮質側に改造が必要で、これらを夢の中の女性が改造、調整していくうちに、エーテル体は物質界に働きかける力が精密に機能す

るようになる、ということだと思われます。

　この脳の三つの機能はグルジェフのいう思考、感情、身体という三つのセンターとも連動しており、身体の中に本能要素もあり、つまり古皮質に関わり、これも調整しないことには、人間は思考、感情、身体が共同することができません。

　共同関係にない場合には、いかなることも達成することはできず、人生はただ堂々巡りになるのです。ヨガではこれを馬車、馬、御者の三つで説明しますが、馬車が走るには、この三つが共同しないとならないのです。

　脳をいじる女性というので思い出すのは、ずっと前にヘミシンクをしていて、ある日、ロバート・モンローが助手の女性とやってきて、「脳を改造するのでいいか」と聞いてきたことです。答える間もなく、助手の女性が私の頭の中に腕を突っ込んできて、松果腺（しょうかせん）に手を加えました。というよりは松果腺につながる八つのパイプというかアームの煙突掃除をしたのだと思われます。

　その後、松果腺を囲むアームの、額と後頭部につながる水平、正面ラインの前と後頭部の側に両の手のひらを当てて、前後させたり揺すぶったりしました。この調整は主にメッセージを声として聞き取る機能を強化するというもので、私はその頃はビジョンを映像でなく声、あるいは言葉で受け取ることに興味があったのです。今はそのことにさほど興味を持っていません。

　牡牛座の思考感覚と双子座の言語感覚は、そもそも実は、活発に働いていたことに後で気がついたからです。つまり声で解説をされることは前からよく体験していて、必要な時には必ずその働きを使う。ただその頃は、毎日のようにそれをしたいと思ったのです。映像を言葉に変換したりする方が、実は楽しいので、直接説明されるよりはアーカイブとし

ての思考を、宅配便の箱のように投げ込んでほしい。それは後でゆっくりと解凍する。

　例えば今回の夢の鯨にしても、何時間もしないうちに、私は数千語の解説にしてしまいます。言語化するのは私の趣味なので、ご丁寧に言語で説明してほしくはないのです。

　ロバート・モンローは「自分の故郷はプレアデスだ」といっています。すると助手の女性は定番的にはシリウスです。そもそもシリウスはヒーラーとか技術者というもので、具体的なテクニックはシリウスに任せるという傾向があります。犬としてのシリウスはオリオンが飼っているとか、オリオンとプレアデスは姉弟の関係で、二人がシリウスの犬を飼うとか、シリウスはオリオンとしてのオシリスの妹のイシスだとかいろいろパターンはあると思われます。日本の神話ではツキヨミにも関係しやすいでしょう。

　物質体の頭の中にある松果腺を囲む八つのアームは、下の樹の頭は上の樹の胸に該当するということで、エーテル体のティファレトを取り囲む八つのパスに直接対応します。この八つのパスは、唯一物質界を示すマルクトにのみ線がつながっておらず、それ以外のすべてのセフィロトにつながります。床屋さんの女性は、自分の胸の構造を、物質界にいる私の頭に転写しようとしていたということです。

　私は以前、カバラの言う通りに、神はイエソドにまでしか降りず物質界には決して降りてこないことについて、地球が宇宙から孤立していることを結びつけて説明をしていましたが、ある時期から神がマルクトに降りてこないのは、一つの関門機構であり、秩序を維持するためのものであると思うようになりました。

　物質界は無法地帯であり、ここから一斉にエーテル体以上の世界に入ることができるようになると天界は荒れてきます。そこで試験制度のよ

うなものや関所を作り、そのままなだれ込まないようにしているのです。
　これはシュタイナー式にいえば境域の小守護霊の働きで小さなケルビムです。物質界からすると救いを断たれた話であり、これは芥川龍之介の「蜘蛛の糸」では、糸が切れて地獄に戻っていくカンダタのようなものです。正当な手順を踏んだ努力とか修行によって入ることはできるが偶発的に入ることはないというものです。
　今回の夢では、エーテル体の物質界との接点は、鯨に象徴化される大脳辺縁系にあり、タロットカードでいえば、旧皮質に該当するだろう犬の吠えているあたりに関門があります。目覚めている時に、私達は古い脳とのつながりを切り離し、反対に夢ではこの延髄にある堤防を開け放ちます。
　前回の夢で、二つの腕が、領海侵犯をして物質界にまで侵入してきたのは、関門を厳重に閉めていなかったのです。というよりは閉めたり閉めなかったりするということについてのお知らせです。タロットカードの「18月」では、関門は開いており、その結果としてザリガニは上がり犬はざわざわして吠えます。

「0愚者」

「18月」

犬はもともと門番で、犬が騒ぐ光景は、タロットカードの場合、「０愚者」のカードと「18月」のカードしかなく、これは境界線を越えようとしている何かがあるという時に騒ぎます。
　哺乳動物脳がざわざわするのは、エーテル界から物質界への侵入でもあるし、また、そもそもエーテル界は物質界を傷つけることでしか関われないという点で、天変地異や噴火、事故なども物質界への干渉です。パニックになること、騒ぎになること、鯨が示すように集合的に伝染していくことなどです。
　シュタイナーがいうように、エーテル界が地球に接触しているラインは火山地帯です。私はQHHTで、火山のマグマの上にいた時、「温かく気持ちがいい。ここにずっといたい」と思いましたが、これは物質界からすると傷つき、穴が開いた場所です。
　タロットカードの「18月」のカードの城壁は左右にあり、これが閉じた時には、地下鉄のホームと電車の走行ラインを阻むクリーム色のガードのように閉じて、新皮質には古脳の情報を伝えないということが起こります。
　旧皮質は、何か新しい概念とか知識を持ち込むと、必ず抵抗して吠えるので、プロテクタか、番犬です。犬が「０愚者」のカードと「18月」のカードにいるように、上から来ても下から来ても吠えるのです。
　例えばクローン生物を作ろうとしたら、それは神を冒涜する行為だといったアメリカのブッシュ元大統領も、犬の反応といえます。旧皮質を改造しないと、いかなる変化にも抵抗することになります。感情の連続性とはそういうもので、変化は感情の揺れを大きくしていき、振幅が大きくなりすぎるとパニックになるということです。ただ無闇に揺れて騒いでいるだけで、感情とは揺れるお仕事なのだと思うと、それに対してあまり構いつけないことにもなります。

チベットのチャクラでは赤色の三角形はマニプラ・チャクラですが、西欧式に光のスペクトルをそのまま当てはめたチャクラでは、一番下のムラダーラ・チャクラが赤色に該当します。

　しかし、私は前からよく書いていますが、一番下の物質界は赤色に適していません。じっと死んだように動かない物質界を赤色にはできないのです。生命の樹を積み木式に縦に並べるか、それとも一つの樹の真ん中から上、下につなぐかによって、赤色はエーテル体の一番下になったり、真ん中から下のマニプラ・チャクラになったりします。

　物質界に働きかけるエーテル体にはこの２種類があるということになると、なかなか複雑です。ただ私の夢で、赤色の三角形とは、物質界にはみ出るものであると主張しています。黄色の正方形の夢では、物質界を示すプリティヴィ、すなわち大地の母とは距離を持ち、当たらず触らずにしておくというものでした。

　仙人は物質界に距離を持つ。あるいは犬が吠えるような不穏な状況を作り出し大地を流動化させる。この２種類の姿勢はどこが違うのでしょうか。世界に干渉しようとするということと、非干渉にするという二つ

「0 愚者」

の姿勢によって、日常の生き方は全く変わってくるはずです。

　仙人、すなわち回帰したスターピープルは別世界に行ってしまうので、この地球世界がいかに混乱しても、それについては直接関わらないようにします。世直し活動などは決してしないでしょう。

　一方で、この地球を故郷に思う人は、地球社会について改善しようとし、地上に理想の帝国を作ることは可能だと信じ、政治にも関係したくなるでしょう。

　カバラで地球とは資材置き場であるという考えがあります。地球というマルクト世界には神は降りてこない。そこに純粋なイデアもロゴスもない。放置された資材置き場を掃除することはないのです。

　タロットカードの場合、「1魔術師」は靴が黄色で、「0愚者」では靴は赤色です。そして八つの球（八つのアーム）は、「1魔術師」では頭にあり、「0愚者」では胸にあるので、この関係性は、物質界が「1魔術師」で、「1魔術師」の頭が胸に重なるエーテル界が「0愚者」に当たることになります。

　「0愚者」はそもそも世界から出て行ったり移動したりするので、既に

「1魔術師」

「21世界」

靴は赤色で活性化しており、一つの世界の中に入り込んだ「1魔術師」はプリティヴィのタットワが固定されているので靴が黄色です。となると、これはチベット式のチャクラに近いものを採用しているということにもなります。黄色の正方形はムラダーラ・チャクラ、生命の樹では足元のマルクトなのです。

私はタロットカードの本で、「0愚者」のカードを童謡の赤い靴を履いた女の子と結びつけましたが、「1魔術師」と「0愚者」のカードは、タロットカードでは最初に出てくる2枚で、非常に対照的な世界観を示しています。もちろん、仙人とか、また異なる宇宙に戻るスターピープルは「0愚者」のカードに象徴されます。

人間の完成を示す「21世界」のカードは、このどちら側にも当てはめることができます。

四元素を調整して、その真ん中に立ち、世界を完全なものにしていくこと。また四元素循環をフラフープのように回しながら振動を上げていき、別世界にシフトすること。この両方が「21世界」のカードで成り立つのです。

20　紺色の楕円

　アカーシャのタットワである紺色の楕円も検証してみました。すると眠る前に、この紺色の楕円は奥行きのあるトンネルに変わり、その奥は無限に続いているように見えました。

　この時に、その日に体験したことの記憶も再生されましたが、結局その記憶は混じることはありませんでした。物質世界の記憶はエーテル界には持ち込めないのでフィルターが自動的に除去したのです。

　この実生活での記憶は夢には持ち込めないのと同じく、また眠る前に、実生活での記憶は変形することがよくあります。つまりフィルターはたんに遮断するというよりも、記憶を裁断して処理する掃除業者のようなものかもしれません。

　エーテル体知覚に移動すると主体の移動があります。物質界は主体の位置が決まっており、その主体が抱く印象や記憶は固定的であり、物質界の安定を作り出しています。エーテル界で主体移動をした時、主体と客体の関係で固定された意義や意味、印象が地崩れを起こして変化していくので、現世記憶は、掃除用のトラックの中で金属の切断器でばらばらにされているに等しいのです。

　現世での主体と客体のセットは、主体だけを取り出すことはできません。柱だけを抜こうとしたら建物が倒壊するようにフォーマットが分解するのです。主客の二極化が合流することで初めてエーテル界に移動するので、ここでは精神世界でいう非二元の意識とか無などの体験をします。

　物質界、エーテル界、アストラル界、メンタル界の間の隙間は三つあ

りますが、これを通過するつど、非二元、無という体験をしていきます。なおかつ、この三つはそれぞれ振動の密度が違うので、様相が違うことになります。無の向こうに行くと、それは無ではなかったことがわかるのですが、科学は最初のステップの無を越えられないので、あくまで物質界に閉じ込められたところでの体系と考えるとよいでしょう。

　物質界からエーテル界に移動する手前で、物質界の印象が「ぐじゃぐじゃに」壊れていくのは、光の速度に近づくにつれて重力に押し潰されるかのようですが、主客の固定関係の上で作られた理論や体系も崩れます。

　願望というのは主体と客体の関係が固定されている時に、ある客体に対して主体が抱く欲望です。ということはエーテル界に移動する前に、この願望のかたちも変わってきます。主体と客体の関係性のセットが性格とか人格を作りますが、この眠る前にクラッシュしてしまう人格には、その人の考え方、思想なども含まれています。

　死ぬまでずっと同じような考え方をする人はいますが、それは考えとか思考にしがみついている人で、私は思考とか考え方も感覚の一つであり、それとの同一化をしないように勧めています。

　思考感覚は牡牛座で、それは頑固ですが、思考とその人は同じものではないのです。エーテル体は、水瓶座の支配星の天王星に性質が似ていて、水瓶座と牡牛座は90度で、その人の特定の考え方や思考を本人から引き剥がしたり、壊したりすることに楽しみを感じています。信念体系があると、わざと逆なでして傷つけたいのです。

　物質界の印象や考え方はエーテル体に接触した段階で壊されていくというのは、エーテル体から見ると、物質界に対する介入で、物質すなわち印象のあり方や思考、考え方、信念なども作り直そうとするということです。物質界とエーテル体の境界面ではこの解体、崩壊などが生じや

すいのですが、私が書いたトランスサタニアンの本（『トランスサタニアン占星術』説話社）では、これを土星と天王星の接触面だと説明しました。この「荒れた現場」を通り過ぎてすぐに眠ってしまう人はたくさんいます。私はよく荒れた現場を通過しますが、この時には現世的人格という観点からは明らかに異常心理とか、狂ったものという体験になります。

　ここを通過しないで寝てしまう人は、まず主体と客体の固定的な関係で形成された現世的意識に自我があり、眠る段階でこの自我が振り落とされてしまうケースが大半です。あるいはこの荒れた現場だけ素通りして、エーテル体知覚に切り替える人もいます。製品は買うが、製品を作ったり解体したりする工場を見学したくないのです。この場合、現場を通過する時には麻酔処理のように記憶喪失します。

　荒れた現場を体験する人は、日常の生活においても、現世的人格とか信念体系とか、常識などを壊すという傾向を帯びた人になるでしょう。戦場から戻ってきた人が平穏な暮らしの中で黙って静かにしていることは少なく、流動的な場に行こうとするので、何かしら悲惨なもの、事件が多いもの、矛盾や非条理なものに遭遇するでしょう。

　紺色の楕円についてですが、夢の中では白い皿に変化しました。野原の中で、たくさんの皿を洗い、また水滴をふき取り積み重ねている男性がいて、回転寿司で大食いしたかのように、この重なった皿の塔がいくつも建っています。

　水滴をよく吸い取る布が大切だと思っており、いかに綺麗にするかを工夫していましたが、野原でこれを見学している人々の中に紛れた一人の男性はこの皿を汚そうと狙っていました。しかしそのたくらみを回避して、綺麗な皿は積み上がっていきます。

　青い円の時に視点が変わると色が変わることを体験しましたが、ここ

でも紺色の楕円というアカーシャのタットワの図形は白い円に変わりました。皿は「ディスク」といいますが、これはアカシックレコードの記録盤のことをこのように表現することもあります。かつては記録とは書物だったが、今では光学ディスクの方が一般的に見えます。

　アカーシャのタットワのアカーシャとは虚空蔵(こくうぞう)など、空(くう)の元素のことですが、この記録を四元素に分解すると時間と空間の中での動画のように生きて動くものになります。時間と空間とは四元素になった時のことを示していて、第五元素としての空のレベルでは、この時、空間が成立しておらず、だからアカシックレコードは、時間の経過によって風化することもなく、物語は最初から終わりまでが保管されています。

　皿を積み上げているのは、共通グループをまとめており、朝起きてから、これは小石を並べる賽(さい)の河原も少し意識しているのではないかと思いました。仏教の五重塔は地・水・風・火・空という五つのタットワを積み上げた図ですが、空の元素はそもそも月下の四つの元素をすべて統合化した時にのみ手に入ります。

ということは子供が賽の河原で石を積み上げようとするのも、空の元素への回帰のための行動とも取れますが、その時、鬼がやってきて、鉄棒で塔を崩します。これは月下の四元素の物質界へ引き戻すことであり、子供がまだ経験的に、この世での体験を全うしておらず、空の元素が作る永遠の天国には戻れないということを示しているのではないでしょうか。

五重塔

鬼は子供の死後やってきます。ということは、これはシュタイナーのいう境域の小守護霊ともいえます。四元素の完全な均衡を手に入れていない場合、小守護霊は死者をその後のエーテル界に通さないのです。これは天国の門の前にいるケルビムの小型版であり警察機構ともいえます。

塔を崩された子供は輪廻に引き戻されるのです。しかし子供を失った親からすると、成仏するより、この世に戻ってほしいので、鉄棒を持った鬼が塔を壊すのは、この子供の両親の願いを叶えたことにもなります。ただ次はどこに生まれてくるかわからないので、親の場所に戻るとは限らず、牛や虫になったりすることもあります。

江戸時代の俗信では、小児はこの世の親を慕うので、地蔵菩薩が「今日より後はわれを冥途の親と思え」といって連れていくという話もあります。しかし境域の小守護霊にはこのような温情はなく、門を通過する権利のないものはいかなる例外もなく追い払います。でないと現世とエーテル界の間の領域は荒れ果て、正常な手続きで通過できる人がますます少なくなっていくのです。

夢の中で皿を汚そうとする男はこの賽の河原の鬼でしょうか。

瀬織津姫の別名である奪衣婆は、三途川で亡者の衣服を剥ぎ取ります。

仏教では、人が死んだ後に最初に出会うのが奪衣婆とされているようですが、両手の指を折り衣服を剥ぎ取ります。剥ぎ取った衣類は川の畔の衣領樹にかけられ、衣の重さで生前の業を測り、死後の

奪衣婆

運命が決まるといわれています。

　両手の指は双子座の象徴で、つまりは現世での細かい体験の記憶とか、細部に至るものをへし折ります。もし天国に行きたいのならば衣類を奪われ、指を折られる方が助かります。

　衣類は織物であり、これはエーテル体にも対応し、そこに記憶のエッセンスが刻印はされます。記憶そのものは持ち込めないのですが、そのパターンを記録するとはいえます。

　ちなみにカルマ的なものはみな低いエーテル体に刻印されるので、それは衣類の汚れともみなされるでしょう。

　facebookに以下のように書きました。

　眠りに入り、夢に入ると、エーテル界にシフトするが、その前に、主体と客体の関係が固定された現世的人格とか印象、信念体系が解約されるかクラッシュする。これを私は『荒れた現場』とか戦場と言うが、麻酔を打ってここを通過しないで眠る人もいるが、私はそのまま見る。この場所が物質界とエーテル界の接触面で、占星術的に言うと、土星と天王星の接触面であり、その間にあるカイロンあたりには死体が累々と。カイロンに関しては傷つけるという意味があるが、何を傷つけている？　もちろん土星と天王星の力関係からすると、傷ついているのは土星。土星が防衛すると、傷はもっと深くなり、死にいたる病になる。物質界に影響を与えるエーテル体となると、この戦場を見ないで通過することはできない。この場所があまりにも荒れるのでここに警察を置いた。これがシュタイナーの言う境域の小守護霊でケルビムのミニ版だ。リサ・ロイヤルは、死の際に迎えに来る天使はアルクトゥルスというが、これは次元の境

> 界線での癒し力とも言われている。癒し力というのは何か。異なる次元に移動すると、それまでの世界において形成した硬い信念体系は必ず壊されるのだが、アルクトゥルスはそもそも形を作ること、形を溶解することという状態を行き来しているので、土星を叩いて割るのでなく溶かしていくというような形で痛みを和らげる傾向があるのだ。アルクトゥルスの手にかかると溶けていくことを容認するという姿勢になる。結果としてアルクトゥルスは荒れた現場によく出向く。そこにテントを張って暮らしている場合もある。非常に怖い境域の小守護霊とアルクトゥルスの天使が隣に座って一緒にカップ麺を食べていたりする光景は奇妙だ。とはいえ驚くことに、この警察を置いたのはアルクトゥルスだ。アルクトゥルスはすぐに形がなくなってしまうので、固い几帳面な警察がいてくれると何かと助かる。

　具体的な形の記憶である衣類、指を折り、三途の川に死者を流すのは、川に流すという点で瀬織津姫、あるいはアルクトゥルス意識と考えてもよいでしょう。そしてそこに鉄棒を持つ鬼も関門機能として用意されていると考えてもよいと思います。

　夢の中では、皿についた水をいかに綺麗に拭き取るかに気を配っており、空の元素の純粋性、独立性を重視しています。

　白色はそもそも排他的で、どんな混じりものも許さないというカラーですから、アカーシャのタットワとしての紺色の楕円というものとは違います。楕円は卵として、これから世界を生み出すという意欲に満ちており、紺色もスペクトルとしては下の世界に降りる準備、あるいは影響力を発揮する姿勢です。白色のように関わりを拒否するというものではありません。七つの色をすべて合わせると白色になるのです。

鬼を払いのけ、水を拭き取り、真っ白にして積み上げていくという行為は、四元素に分解しない空の元素を保つという姿勢に徹しているように見えます。

仙人やスターピープルは、この物質世界から手を引いた存在でした。この場合、皿にカルマ成分としての汚れが付着することを嫌います。人間が死んで成仏する。これは通常の人間の形としての価値観で、死んだ時に、肉体とエーテル体が切り離されるというスタイルのものです。ここでは物質界とエーテル界は互いに独自の法則が続き、互いに干渉しないでいます。

しかし仙人になる、あるいはスターピープルに回帰するというのは、応身になることで、エーテル体をその後の肉体にします。つまり物質界と精神界の境界線を少しずらしていくということです。それまでエーテル体だったものを物質肉体とする。このために自分から見えるところの物質界や、危険地帯を放任して、成仏するということはできません。感情はずっと同じことが続くと平穏だと感じます。この物質とエーテルが接触している禁忌領域に触れることは、許されないことをしていると目に映るでしょう。

例えば、悟りとか非二元意識の獲得にしても、追求している人はそれを獲得しても、生活も肉体も状況もそのままです。つまり精神的議論にすぎず、現状としては何も変わりません。これは物質肉体には触れず、心理学的、精神的なところだけで追求しているということです。

物質肉体を連動させたままならば、非二元になった時、肉体も非二元になりその人はその場で消えてしまうのです。何も触らずそっと成仏するというのは事なかれ主義ということでもあるでしょう。こうした死んで成仏する人と、仙人は明らかに全く違う生存形態となります。仙人は物質を作り変えて上昇させてしまうからです。

21 「19太陽」のカード

夢への導入の記号としてタロットカードも使ってみました。

「19太陽」のカードを思い浮かべます。

手元にカードはなく、曖昧な記憶でイメージを組み立てました。その後、すぐにこのカードの絵柄イメージが巨大化します。その後、この対象の中に自分という主体、あるいは自我が飲み込まれていき、対象が主体へと変わります。

感じるボディがアストラル体であるということでは、自我はアストラル体に移動したのです。ただしアストラル体は特定のイメージを持つものではありません。イメージは対象化されたものであり、アストラル体は感じ方を表す主体です。

『トランスサタニアン占星術』では、水のサインをアストラル体と結びつけましたが、確かに水のサイン特有の、内側から実感するという性質は、

「19太陽」

アストラル体を考えるのに参考になるのではないでしょうか。

　最初の導入での、イメージを巨大化させるには、できる限りしつこくイメージを思い浮かべるということを繰り返すとよいでしょう。一心にそれを続けることで、他のイメージが、相対的に比率が小さくなり、この思い浮かべるべきイメージが最優先のものとなるのです。主体が自分の場所から対象に移動した段階でそれまでの意識を失います。

　夢の中では、私は電車に乗って自分の家に戻ろうとしていました。ところが電車は途中の駅で停車した後、その後に続くはずの住んでいる場所の駅までの路線が廃止されたというのです。知らない間に変更されていて、私はこの駅から元の場所に帰ることができず、駅の改札のホーム側に置いてある昔の汽車の鉄の部品で作られたオブジェらしきものをジャングルジムのようにして遊んでいました。

　同じ夜の二度目の夢では、どこかのレストランで料理を出されましたが、これは物質界ではなくエーテル界の食べ物であると思いました。こうした食品を食べると、エーテル体は太り、相対的に物質界よりもエーテル体のリアリティが強まります。

　タロットカードの「19太陽」のカードには二人の子供がいます。このうち右側の子供は通常の肉体を持つ私達のことです。左側の尻尾の生えた子供は水の上にいて、これはエーテル界にいることを示しています。

　タロットカードの示す進化の道筋は、仙道の修行のステップと似ていて、「14節制」で腹の中に陽神を作ります。これが成長していき、「16塔あるいは神の家」で宇宙に飛び出します。

　塔の蓋が開くのは、サハスララ・チャクラあるいは生命の樹のケテルから、外宇宙に飛び出したのです。やがて恒星に到達し、そこから戻ってくるのは「17星」のカードです。ここでは七つの恒星とそれをまとめる中心のグレートセントラルサンがあり、私達の太陽系が属している全

恒星クラスターとは、りゅう座のトゥバンを中心にするものです。ここにシリウスやらアルシオンなども属しています。

　一般の天文学的な位置座標ではこれはわかりません。私が書いた他の書物で説明していますが、天文学的な天体位置は動物系知覚で見たもので、心臓を中心とする植物系知覚で見る天体図は違ってきます。形の位置の違いではなく、振動の違いによって配置を考えていくという発想の違いがあるからです。

「14節制」

「16塔あるいは神の家」　　　　　　「17星」

戻ってきた「17星」のカードの女性は、恒星と接点を持つがゆえに、大地に降りることができず、水の上にスノコを置いて、そこに膝を立てています。この水はエーテル界です。恒星の影響を水の中に流し込むと、「18月」のカードの段階で、エーテル界の中で、星に対応するエーテル体ボディの記憶が呼び戻され、これを成長させることで、「19太陽」のカードのもう一人の子供、尻尾があり水の上に立つ子供となります。

　やがてはこの子供が右側に立つ物質肉体を持つ子供を飲み込んだ段階で、仙道の「気化」となるのですが、「19太陽」のカードの尻尾を持つ子供はずっと大地には接触することなく、つまり物質界には住んでおらず、エーテル界にいます。

　仙人、あるいは恒星の所属がはっきり決まっているスターピープル、私がアントロポースと呼んでいた存在は物質的身体を持つことはできません。ここでいう物質的身体とは地球の素材で作られた身体です。受肉できなくなった仏陀は応身で生きているといわれていますが、それと同じです。

　分身を作り、それを成長させて、その後、それに乗り換えるという段

「18月」

「19太陽」

階で、星のボディとしてのアストラル体になるということですが、恒星はメンタル界でありロゴスであるということでは、星のボディを持つとは本質としてのロゴスの化身になることで、地球環境が提供する集団的にみな同じ鋳型の人間の形を捨てることになります。捨てるというよりはアストラル体の輪郭を作っているエーテル体が地球的鋳型を飲み込むのです。振動密度の高いものは浸透性が高く、低いものを飲み込むので、あっという間に肉体に染み渡ります。

　私達の身体の組成は隙間だらけで、隙間の方がはるかに大きいと思いますが、この隙間に入り込んで、この入り込んだものを主にして、全体の枠組みが変わってしまう、つまり重点部分が置き換わるというようなものでしょうか。

　このようなステップを描いたのがタロットカードなので、私が夢で戻り路がなくなったという体験をしたのは、分身はエーテル界に身体を持ち、肉体的な存在としての場所には戻れないということを表します。

　「19太陽」のカードでは、二人目の子供は人によってはガイドなどともみなされます。というのも生命の樹のパスでは、「19太陽」のカードは水星を表すホドと月を表すイエソドの通路に当たり、エーテル体の物質を象徴する月の情報を水星は言語化しますから、無意識からやってくるメッセージを伝える存在であるとみなしてもよいのです。

　私は、タロットカードは占い道具ではないが、実用的に使うとしたら、この二人目の子供からのメッセージを拾うためのツールにはなると説明しています。ですから、タロットカードを人を占うために使うことはできないのですが、自分の見えない分身とのコミュニケーションする道具として、毎日1枚引いたりはできるのです。

　仙人、あるいはスタピになると、もう地球には戻れないし、地球の情報もわからなくなります。ただし私は地球から去るというよりも、もう

一つ別の地球には頻繁に行き来したりできると説明します。

このもう一つの地球では物質界とエーテル界の重大な亀裂がないからで、エーテル的存在も滞在できるし、それはかつて神々と呼ばれていた人々も住むことができるということです。鎖国が始まる前の地球のように、宇宙人達もそこに行き来することができるのです。

別地球の振動は地球よりも高いので、この別地球は地球に接触は可能だが、今の地球からその別地球に行くことはできません。いったん恒星に行き、そこから戻ることで移動する方がスムーズです。夢では物質的肉体を持つ子供の住む場所に戻れない。しかし、その戻りコースの手前にある駅で、新しい仕組みを作ろうとしています。そもそも汽車は線路を走るものであり、夢の中で線路とはエーテル界の通路やパイプ、筒です。この中を走る乗り物としての鉄、硬いものを組み合わせたオブジェは「19太陽」のカードの二人目の子供の身体にも相応するものだと考えてもよいでしょう。

この原稿を書いている時、facebookで、菊池という男性のことが話題になったので、少し書いてみます。仙台で講座をした時に参加していた男性で、ある時期、東北から東京に引っ越して来ました。東京を怖がっていたのですが、私が一緒に不動産屋さんに行き、その場で引っ越し先も決めてしまったのです。

この時期に、私のところにいるのはだいたい3年くらいでないかといいましたが、およそ3年後に郷里で休養中に心筋梗塞で死にました。中学生の時に、本屋さんでボイジャーエクセルというバイノーラルビートの装置を購入し、それを毎日使って、それによって霊能力が開発されたと思います。

東京に来てから、クライアントに応じて霊能アドバイスのような仕事をしてもらっていましたが、このやり方が極端で、当日相談に来る人が

いたら、前の日から夢の中で明晰夢によって情報をサーチします。彼は恒星スアロキンの影響が強く、これは海の中を自由に動き回るイルカを象徴しており、無意識の中を素早く探索するのです。

この明晰夢は試してみるとわかるはずですが、寝ているような起きているような中途半端な状態が続き、明らかに心身は疲弊します。それに夢と物質世界の境界線がはっきりしないというのは、物質生活においての防衛力を大幅に失います。

例えば8時間相談を受けていて、最後に「今日はお金がないので払えない」といわれてもそれを断れないような姿勢になってきます。肉体生活の面で被害を受け続けるという異常な状態が増加しましたが、これは夢が物質生活を侵食するというような状態でもあるでしょう。これで長生きできるはずもなく、短期間で死んでしまったというわけです。

ホロスコープでいうと、働く6ハウスに五つくらい惑星があるので、自分を痛めつけることに時間を使う性質でもあります。

何人もの人が、いまだに菊池氏のことを話題にするのは、エーテル界に彼が生きているからです。夢が物質世界を侵食するというのは、反対に物質界に夢が通路を持っていることでもあり、象徴的にいうと、彼は今でも私の部屋でニート暮らしをしています。

菊池氏の霊能相談には、決まったスタイルがあり、エーテル界で部屋があり、囲炉裏の脇に爺さんがいて、この爺さんとの対話でアドバイスをするというものです。

この囲炉裏の爺さんはある時、「自分は出雲族だ」といったことがあるらしいのですが、菊池氏も出雲族です。彼は大酒飲みで、ある銘柄の焼酎しか飲まないという話を聞いたことがあるのですが、今はその銘柄が思い出せません。

この爺さんはつまりは出雲族の大天使であり、Ｈ6意識、高次思考セ

ンターのことです。それからメッセージを受け取るというのは、菊池氏の自我は、それを受け取る側になり、つまり高次感情センターＨ12に自我があることになります。

　私も出雲族といえばいえるので、菊池氏は囲炉裏の爺さんと私の言動が似ている、ほとんど同じ内容になることもかなりあるといっていました。高次思考センターに個人性はありません。それは広範囲に共有されていくものです。むしろこのＨ６の大天使の腹の中に、同族の多くの人々が細胞として生きているのです。

　この囲炉裏の爺さんは菊池氏を早めに死なせました。つまり彼は菊池氏を「取り上げた」のです。

　出雲族は雲の中から光が指すというもので、日本のどこにも地上的拠点はなく、日本あるいはもっと広範囲なところを覆う雲に拠点があります。つまりエーテル界、あるいは濃いエーテル界です。これが本来の拠点なので、地上生活にさほど深入りしない人が増えてきます。そして故郷はどこかの土地でなく雲の上です。

　菊池氏の生活でいえば眠って明晰夢の中に日常の生活の拠点があり、家があり、ときどき雲から地上に向けて光が差し込み、何かメッセージを出すという姿勢が一番ナチュラルなものです。囲炉裏の爺さんと会話を毎日しているということは、同じスタイルが地上で反映されますから、地上では自分が囲炉裏の爺さんになって、誰かと話をするということにもなりやすいでしょう。

　この本来の出雲族スタイルを押し切ると、身体を壊したり、早死にしたりするのは当然のことで、物質生活に腰を据えないというのがむしろ正しい生活スタイルなのです。

　以前、私が出雲をサーチした時、日本を覆う雲の中から、下向きに女性が顔を出して笑っていましたが、これはまるでシャガールの絵のよう

だと思いました。菊池氏でいえば、三十数年顔を出してそれから引っ込めたのです。しかし明晰夢の時間が多く、その時には雲の中にいますから、地上生活の正味はそう長くはありません。

　エーテル界に住む存在ということを考える時に、この菊池氏の話は参考になるかもしれません。

　彼が私の部屋で今もニートをしているというのは、アストラル体としてはまだ独立できず、肉体生活を早めに切り上げたために、肉体生活を利用して輪郭を作るという作業が何となく中途半端な状態になっていて、残り分を私のスペースで完成させようとしているからです。関わりは物質界では３年です。しかしエーテル界ではもう少し時間がかかるということでしょう。囲炉裏の爺さんにはしばしば反抗していた。ということは彼自身の高次思考センターに同調できない低いセンターの未調整部分が残されており、その成分調整にまだ時間がかかるということでしょう。

　アストラル体の独立性とは、その骨の部分となるロゴスを完全に浸透させることで形成されますが、その構造をミクロの領域にまで反射させるために、より重たい物質世界での経験を利用するということがあります。私の夢ではこれは汽車の部品で作った鉄のオブジェです。

　菊池氏は中学生の時からボイジャーエクセルを装着し、光が点滅するゴーグルをつけて、ソファに横たわり、一人で笑っていたりするので、親が気持ち悪がって、結果的に精神病院に通うことになりましたが、これは現代の人の暮らしからすると異常に見えます。しかし出雲族からすると当たり前のものです。そして早死にしたり、尸解仙になったりするのも当たり前のことです。目覚めた状態で長時間働くよりも、長い時間睡眠を取り、明晰夢の体験を増やして、日常の生活よりも夢の生活の方が精彩を持つようになるのも当たり前の話です。これは地上的には役立たずになることです。

菊池氏は、最後には道路の信号の切り替わりさえちゃんと認識できず、雨の日に自転車で交差点に侵入し、衝突を避けようとしたバイクの人が怪我をしました。
　「19太陽」のカードでの分身の子供はだんだんと成長しますが、やがては肉体を飲み込むので、あらゆる点で、この分身の子供の成長に託すことが大切です。戻るための路線を失った私は夢の中で固い鉄のおもちゃに乗ったり、動かしたりしていましたが、これは駅の改札の線路側でしていたことです。駅の改札の外は物質界に近く、ホーム側、線路側はまだエーテル界のパイプがあるのです。重たいものを曲げたり動かしたり。あたかもモノであるかのように固いのです。分身の子供の方に主体を移すと、物質的世界への戻り道はいつかは廃止されてしまいます。この分身を強化するのにはエーテル界での体験を増やすこと、その世界での食べ物をたくさん食べることです。
　次の日、再び戻り路がわからないという夢を見ました。
　家に戻ろうとしたのですが、そのコースを忘れてしまい、あちこちをうろつくのですが、隣の女性が神社を見つけて、「この神社は家の近くにあるものだ」といったのです。「ここまで手がかりがあるのだからもう着けるはずだ」と。
　この時には銀座に新聞を届けて、そこから帰るところでした。主体が身体から外に出て移動する時にはエーテル体の網目を辿るのですから、この戻る道とはエーテル体に作られた道で肉体に戻る場所を探していたということです。
　物質世界でも町のあちこちに稲荷神社があり、これは赤色の鳥居が特徴です。西洋では狐は死者の国と生者の国を行き来する動物といわれていますが、これは、もともとはエジプトのアヌビスから来ています。日本では稲荷神社は元・墓場に建てられることが多いといいますが、つま

りはエーテル界の物質に近いところに稲荷狐とか稲荷神社があるということになります。肉体に戻る時、近所の稲荷神社が目印になるのです。

狐は七つの階級があるといわれますが、これはエーテル界の七つの階層と連動しています。狐をそもそもエーテル体の象徴であると考えてもよいくらいです。より低い位置のエーテル体に関係する狐は管狐（くだぎつね）などに関係すると考えるとよいでしょう。

管狐は風が強い日にお尻から入り込んでくるといいます。そして腹の中に住み、腹の中で成長します。これは陽神と同じ場所で、人の身体の中で、より精妙なエーテル成分へと成長しようとするのでしょう。狐イメージそのものはアストラル的なものですが、狐の働きはエーテル体としての運び屋と考えるとよいのです。

夢では私は稲荷神社の場所が家に近いことを自覚しておらず、隣にいる人がこれはよく見知っている、あるいは私がこの隣の人は見知っているはずだと考えました。そこから歩くとほどなく家に着く。その後、目覚めました。

稲荷神社の赤色は、西欧式のチャクラでの一番下のムラダーラ・チャクラに関係した色です。あるいは、そもそも稲荷神社は赤色ではなく、茜色とか朱色という言い方が多いのではないでしょうか。となると、ムラダーラ・チャクラの上にあるスワディスタナ・チャクラです。こうしたスペクトルに応じてチャクラを決めていくのは、チャクラをより物質的に見たものです。

チベット時にチャクラにタットワを結びつけるのはチャクラを純粋にエーテル体として考えているということです。エーテル体では物質体での法則は通用しません。つまり光のスペクトルなどという物質的な特性はエーテル界ではあまり馴染まないもので、記号の象徴性、色の象徴性の方がメインなので、地上の色彩とエーテル界の色彩は違うということ

をはっきりさせた方がよいと思います。

　エーテル的知覚が強い人は、地上的な色を見ても、そこに象徴的な意味を託します。乙女座の視覚意識は、その裏側、影になったところに、エーテル界への梯子(はしご)が隠れていると説明していましたが、となると、物質的色彩の補色に、エーテル体の色との関連を考えてもよいのではないでしょうか。しかし正確な補色の対応にはならないのは、エーテル体の輪郭は、決して物質の随伴機能にはならないということから来ています。不正確な補色関係が成り立つことも多いのです。

　そもそも私が狐に関する本を出したのは、幼少期から狐の夢を見ることが多く、また私が幼少期に住んでいた山口県下松市は、百済の人々が亡命した場所だといわれ、彼らが大陸から金毛九尾の狐を連れてきたといわれており、いわば下松は狐の一大拠点であるということも関係していました。

　夢の中というよりも、朝目覚めてまだぼうっとしている境界領域で金毛九尾の狐と遭遇しましたが、半分物質界、半分エーテル界という場所での接触です。

　物質界においての土地の特性が反映されているというところで、それは大地から分離したエーテル界というわけでもないということです。反対にいえば、エーテル界から物質界に戻る時の橋渡しにもなりうることですが、金毛九尾の狐が橋渡しになるというのも異様です。

　夢の中では、いつ間にか、隣に女性が登場しましたが、物質界に近いエーテル界では自分の半身が出てきたことを示しています。より上位の意識では、この男性と女性の区別はなく、徐々に下に降りるにつれて肉体の影のように見える半身の女性が登場し、そして物質世界に戻るということです。

　物質に近いあたかも裏側であるかのような位置にある低いエーテル体

では、物質体の持つ性とは反対の性が出てくるということは既に説明しましたが、このエーテル体の半身が狐についてよく知っている。あるいはそもそも私の場合には物質界と重なるようなエーテル体領域で金毛九尾の狐が身体に密着していたのですから、影の半身としての女性と、この狐が混じり合います。ですから、金毛九尾の狐と遭遇した時には、それは半分人間の女性、半分は狐の皮を持っていて、焦げた匂いが漂っていました。

密教では肉体的な存在が上昇する時に、案内者としてダキニ、西洋式にはソフィアがやってくるといいますが、これらはほとんどが下位エーテル体に存在する影の半身ではないでしょうか。というのも、二極化された性が反対のものと一体化することが、すなわち上昇でもあるからです。

日本では、しばしば女性と狐が一体化して区別がつかなくなり、一番高位の狐を「命婦(みょうぶ)」と呼んだりもします。

稲荷神社は家の近くにあり、稲荷神社あたりの前で急に女性が登場して、稲荷神社のことを指摘したのだから、この女性は稲荷神社から出てきた稲荷狐だったとも思えます。

「19太陽」のカードの夢を使ったパスワークでは、戻りコースそのものがなくなっていました。次の日の場合には、影の半身に教えてもらって道路標識のような稲荷神社を見つけ出して、肉体に戻ったということです。

ちなみに、私は、稲荷狐について詳しく知らない時期から、よくカメラを持って町の中の稲荷狐を撮影するのを趣味にしていました。夜型の生活をしている時も、明るくなりつつある早朝に狐の像の撮影に出かけたりしました。

この場合、意味はわからないのですが、狐像をじっと見つめて、狐が

呼吸するようになるまで見続けたりしていました。集中することで物質に重なるエーテル体の方に視点が移動します。じっと見ていても、何も変化がないのはエーテル体が宿っていないのです。つまり、モノノケではないのです。そのため、街のあちこちにある稲荷神社の狐でも、じっと見たくなるものと、あまり興味を惹かないものがあります。

　最近、眠る前にエーテル体を見る時に、以前は白い光の繊維の集合とか銀色の紙をまぶしたようなキラキラが舞う光景を見ていたのですが、ある時期から金属的な構造体を見ている光景に変化しました。ガンダムとかマジンガーとかトランスフォーマーのような金属生物のボディの一部を見ているかのようで、尖った突起を持つ岩のように滑らかさのないものです。この光景が夢の中での鉄の道具に共通しています。

　エーテル体は植物性と説明しますが、この植物が金属化したような印象です。植物H192と金属H3072は「法灯明(ほうとうみょう)」で共鳴する性質ですが、植物がより濃密になり固くなったといえます。稲をくわえた狐ではなく、ガンダム化したエーテル体というコントラストは特徴的です。

　オーラを見る時に、多くの場合、なめらかな色のついた釣り鐘型などを見ることが多いかもしれませんが、私の場合、徐々に岩石化したオーラを見る機会が増えました。

　多くの場合、エーテル体を見るというのは映像を乗せるためのキャンバスとして、エーテル成分を水晶球の中に見たりします。エーテル素材はバイロケーションとしてのリモートビューイングに活用されます。これは遠くを見たり、預言したりすることにも使われますが、地上的な野心の強い人にはエーテル体は物質体の生活に貢献するように使われます。

　私はある時期からエーテル体の方が本体であり、物質体とはそれが活性を失い沈殿したものなので、エーテル体は物質体に迎合する必要もないし、貢献する必要もないと主張しています。つまり、これは預言とか

予測はする必要もなく、またそれらのビジョンが正確である必要はなく、エーテル体は実用的に役立つ必要はないといっているのです。

物質生活が中心の人は物質生活に貢献するビジョンが欲しいのですが、これはエーテル体の本来性を捻じ曲げたものであり、エーテル体はそれに妥協した時に、魔道的なもの、よからぬ呪術的なものへと変化します。より濃密なエーテル体は明らかに物質体に対するダイレクトな影響力を持っています。

かつての日本では、狐憑きは預言者として扱われ、村の中で誰か狐憑きになると、村人がこぞって狐憑きに予言や占いをしてもらおうとしました。テレビもない時代には、これは最大のエンターテイメントだったかもしれません。これは狐憑きが物質生活に貢献する方向です。

仙人になる、あるいはスターピープルに回帰する場合、物質に貢献するエーテル体ではなく、物質体を切り離し、エーテル体領域の中に、あたかも物質界であるかのような結晶化をする必要が出てきます。エーテル体が道路のようなものだとするとモバイルハウスを建てるのです。これはエーテル体が物質に近いくらい濃くなる必要があり、それでいて物質世界には決して貢献しないというのが重要なのです。

ずっと昔、疲れていた時に、元気になるにはどうすればいいかをヘミシンク会で聞いた時、「金星から力をもらうといい」といわれ、金星から大量の虫のようなものが、ジャングルジムに降り注いだのですが、この大量の虫は、太陽系の外にある原子を構成しない暗黒物質です。そしてこのジャングルジムはエーテル体の枠組みですが、最近「弱っちい虫」と呼ぶことにした暗黒物質は金属でできたジャングルジムに蓄積されました。

一方で、男性と女性の対パターンが現れた稲荷神社のある道筋は、太陽系の中にある原子を含む物質の世界に落ち着く道ではないでしょうか。

原子とは陰陽のセット、つまり男女の組み合わせの夫婦のようなもので、太陽系のモデルの模造です。暗黒物質には原子がありませんが、より高次な振動の物質は低いものに浸透することが可能で、つまり憑依して乗っ取りすることができます。この場合、原子になるのでなく原子を偽装することが可能だということです。そして気が変わったら憑依をやめるのです。
　私がエーテル体を見る時、植物繊維のようなものから、鉄の構造体に変化してきたのは、このエーテル体をどう扱い、評価するかの推移を表していますが、鉄のオブジェを遊んでいたのは、まだ決定しておらず、それについていろいろと試している最中だということです。
　数か月前に呉服屋さんのようなところで、布を見せられて、「これはどうですか？」と聞かれていた夢を見たのですが、いくつかのエーテル体の物質の選択をしているということです。

22　人生を変える図形

　稲荷神社が出てきた夢を見た次の日は結婚式の夢を見ました。
　これは実際に私が知っているＨさんが夢の中で結婚式をするという内容で、実際のＨさんはずっと前に結婚して子供もいます。結婚式の場所は北海道です。
　私は結婚式でＨさんにプレゼントする金属のアクセサリーを作ろうとしていて、制作が遅れるので結婚式が終わる頃に到着せざるを得ないかもしれないと思っています。その前に私の親しい女性に先に出席してもらうのがよいと考えていました。この親しい女性というのは稲荷神社の夢の続きなので、私のエーテル体においての半身です。
　北海道のＨさんが夢に出てきた理由は、このＨさんが昔、北海道のＵＦＯ研究会に参加しており、『ＵＦＯと宇宙』という雑誌で紹介された中野少年もそのメンバーだったということを覚えているからです。中野少年は土星人ラミューさんから金属リングをもらい、これが通信器になり、またテレポートしたという話です。
　私はこのドーナツ状の金属をマネしたものを作ろうとしたことがあり、一年くらいはいろいろと試みていました。それは40年前くらいの話です。
　私のヘリオセントリックの天王星は蟹座の19度で、サビアンシンボルは「結婚式を執り行う司祭」です。つまり、ヘリオセントリックの太陽というアストラル体から見た私のエーテル体にはこの性質があります。
　惑星に顔を向けた太陽はＨ12であり、銀河の中にフラグを立てる太陽はＨ６のことです。アストラル体はエーテル体の上にありますから、アストラル体から見るエーテル体とは、創造意志が作り出した被造物で、カ

バラ派ではときどきアストラルエーテルという言い方もあります。

そもそもグルジェフなどはエーテル体をアストラル体と区別なしに説明します。もし地上から見たエーテル体の性質を考えるならばジオセントリックの天王星の位置が参考になるでしょう。

物質体の裏に低いエーテル体があり、そこにプラトンのいう半身があるということになりますが、これとの結合シーンが結婚式です。物質界においての結婚式は魂の半身ではなく、よそで生まれた見知らぬ異性との結婚で、そこで生まれる子供は分岐を示しますから、エーテル界での結婚は上昇となり、数が減ることであり、物質界での結婚は分裂と降下という反対の意味になります。

エーテル界においての結婚は物質体とその裏のエーテル体の結合ですが、エーテル体の低次のものは電気や磁気です。この周波数の上下の違いは光を超えるか、それとも超えていないかということで区別するとよいのではないでしょうか。

H96は光や磁気でもあり、上の方はエーテル体、下の方は光や磁気です。光を超えないことには時間の逆走はできません。物質界の価値観を超えるとか、それを無意味に感じるというのは、光を超えた意識が抱くものです。物質界は時間がある一方向に走ります。エーテル体は反対に走ります。これをぶつけると、無時間になるというわけです。無時間領域からは時間の方向性を変えることができます。これは例えば四つ辻で、曲がる方向を変えていくということもあります。

ノストラダムスは時間の進行コースには分岐点があり、この分岐点において路線を乗り換えることで、未来のコースを変えるといいます。ただ、一般の人はこれを意識的に選ぶことはできないので、流される流木のようなものだといっています。

ノストラダムスの予言は、最悪の方向を見せることでそれを選択しな

いようにしてほしいというメッセージらしいのですが、すると、上手く危険を回避した未来を生きる人々から見て、ノストラダムスは決して当たらない予言をしている人ということになります。どうもこれがノストラダムスの趣味だったようです。

こうしたコースを選ぶというのはタロットカードでは「20審判」のカードで説明されています。

夢で見ようと思い、「20審判」のカードにも入ってみましたが、眠る前に既に別の部屋に移動する映像が出てきて、「一体これは何だろう」と思ったのですが、いろいろな異なる世界をランダムアクセスするのが、「20審判」のカードの作用でもあります。

一方的に流れる時間は物質界で、反対方向に流れるのはエーテル界ですが、この陰陽が衝突した空白の場所にはより上位の意識が宿ります。この上位の意識の「意図」が、その後の世界の方向性を変えていくのですが、このレベルではやはり通常の物質界で使われている言葉などは持ち込めません。それをロゴスとして記号化する必要があるのです。

ロゴスとは意図のことです。望んだ世界のイメージを象徴的に表し、さ

「20審判」

らにその象徴の根幹にあるロゴスや記号、概念などを意図として打ち込むと、四差路とか五差路、六差路などの交差点で、その後、希望した方向に進路が向かいます。

メンタル体は自分の前には何もないという創造力ですから、この記号を打ち出すことで、すべてが変わるというのは当たり前です。メンタル体の作用そのものを打ち出すだけでよいのですが、それが下位のアストラル界とつながり、その後のエーテル界と物質界の接点に上手く持ち込まれると、ショックのないコース変更が可能だと考えるとよいのです。

ノストラダムスがいう未来の乗り換えは、シンプルな原理として、上位にあるものは下位に思いのままに干渉し、コースを変えることができるということを述べているわけです。その場合、無作為に干渉するのでなく、干渉しやすいポイントやタイミングがあります。

夢の中では、五角形がよくて、しかし完全な理想としては七角形という説明がありました。これはグルジェフのセンターと似ていますが、その幾何図形版です。

センターを獲得した人は、その人の望む世界で生きることができます。地上的には五角形、宇宙的には七角形です。それは当たり前の話であり、その人のセンターの総和が世界そのものだからです。七つになると高次感情センターと高次思考センターが加わりますから、恒星領域に至る範囲で、自分にふさわしい世界に住むことになります。

私は金属でこの図形を作っています。

北海道のデパートのフロアの屋上には珍しいアクセサリーがぶら下がっていて、それを興味津々で見ています。

日本地図は、人体に対応させるのに都合のよい形をしており、九州を頭にする考えと、北海道を頭にする考えがあります。

心霊的な影響が入ってくる場所は首の後ろですが、この首の後ろあた

りを下北半島（恐山）に対応させるのならば北海道が頭です。

　また個人の人体よりも大きなサイズの日本を身体にマッピングさせるというのは、個体より外に拡大という意味で、つまりは夢の中ではエーテル体の身体を示しているということです。エーテル体の頭はアストラル体の胸、メンタル体の足にも対応します。

　メンタル体は物質体に決してつながることはありませんが、エーテル体には足をつけます。エーテル体の頭（松果腺）にある金属のアクセサ

リーは、メンタル体の力を受信しています。これが意図を受け取る地点であり、変化を起こす地点とはそれよりもずっと下の物質体とエーテル体の接触面においてです。

　作ったアクセサリーを、反対の方向に走る時間が物質の時間と対消滅して無時間になる瞬間の結婚式に渡すと、未来は変わるし、これを何度か繰り返すことで、本当に夢見た世界に向かうことになるでしょう。

　前日の夢では、生の国と死の国の境界線にあるアヌビス、あるいは稲荷狐が道端に置かれているのを発見して、それによって物質的な家に戻ることができたのですが、この稲荷狐は道標であり、幾何図形のアクセサリーは交差点を表します。

　図形はメンタル界に関係し、狐像はアストラルイメージで、アストラル体はメンタル体の下にあるので、根本的な方向転換の作用はありません。そのために、既知の世界に戻る、あるいは既存の世界に貢献するという時に稲荷狐が使われやすいといえます。

　物質界に貢献するエーテル体、つまり物欲を満たしたり、幸運をもたらしたりする作用を期待して、多くの人が稲荷神社に参拝しますが、エーテル体の狐と重なったかたちで接触すれば、物質界への影響は確実に現れます。

　死の門の向こうにアヌビスがいて、門のこちらにもアヌビスがいます。この反対方向の流れの衝突は、運命を変えるというよりも、人生の推進力を増強するというかたちで利用されているのでしょう。

　UFO研究会の中野少年の金属リングはテレポートできるという話でした。このことの真偽について問うことは無意味です。

　太陽系の外から持ち込まれた金属は、太陽系特有の原子の構造を持たないものとすると、それはかつてヒヒイロカネとか、オリハルコンといわれていたもので、金属と生物の中間形態であり、想念によって変化し

ます。実際の金属も想念によって変化はしますが、反応が著しく遅いのです。

　何か語りかけてそれに反応するのに100年かかるとすると、それはもう想念や精神には反応しないと見なされても仕方ありません。物質界の安定はもっぱら金属と鉱物で保たれていますから、想念に反応する金属は物質界の状況を根底から変えていくという面があります。

　太陽系の外の暗黒物質で原子構造を持たないものは、原子という陰陽関係でできた構造体の隙間をすり抜けます。これがテレポートと考えてもよいのかもしれませんが、テレポートの基本としては、決まった時間の流れに対して、逆流したり、隙間を空けたり、斜めに通り抜けたりすることです。

　原子や分子が作り出す決まった時間の流れに逆流できる物質とは太陽系の外から持ち込まれたものです。太陽系の中にある物質は、太陽系の秩序に完全に従う性質を持ち、そこに異物的要素を持ち込めません。

　中野少年の金属リングとは、物質体とエーテル体の複合で作られた金属で形成されており、物質界の時間の流れに抵抗する素材だということです。さらに人体がどこかに移動する時に、心身がばらばらにならないようにするために、まとまった磁場と、また人間のパーツの結合体が必要です。これが夢の中の七角形の幾何図形金属を象徴したもので、またマカバとかアメノトリフネなどにも対応します。

　マカバとかアメノトリフネも飛行機のようなものですが、飛ぶ、移動するというのは、人間のパーツがまとまってバラけないように移動するという意味です。精神的にどこかに飛ぶ行為では、このまとまって移動することはできず、一部のみが移動しています。

　実は、私達はいつでも休みなく移動し続けています。ですから、いまさら移動する道具など必要がないと思われますが、パーツのまとまりは

地球に依存しています。これがタロットカードで「7戦車」の表すところです。

　この地球の流れから少しでも逸脱すると、たちまちのうちに、私達は分解するのです。遠くに移動するには、また違う運命に移動するには、地球から独立した宇宙船が必要です。運命を変えることができる、というのは、宇宙船でどこかに飛ぶことができるということと同義語で、地球に張りついて、地球が向かう方向に流木のように流されるということに対して抵抗できるということになります。

　原子は太陽系や地球の方向にぴったり同調している太陽系のマクロコスモス模型ですから、これらの因果律をすり抜けることが必要です。すり抜けつつ分解しないということができれば、真の意味で宇宙船を作ることができます。

　夢の中で私が作っていた幾何図形のアクセサリーについては、世界のあらゆる要素が、この図形に影響を受けて、流れを変えてしまうという説明が入りました。夢の中の映像イメージは実際に説明するのに困難なものがたくさんあり、川の流れがここで変わるということをもっと複合

「7戦車」

的、微細に表現していましたが、それを「絵に書け」といわれてもできません。

　この夢をそのまま活用すると、物質界に近いエーテル領域に、記号を持ち込むとよいという話になります。

　結婚式の現場だともっとよいのです。

　魔術分野では、護符とか魔法陣とか記号的なものはよく使いますが、物質で作ったものが、そのままエーテル界に持ち込まれないのならばほとんど効果はありません。それならば、最初から物質的に作成せずにエーテル領域にそのイメージを持ち込むのが一番です。ただし、エーテル領域としては物質界に接触していない場所もあり、アストラル体を受信することに専心しているので、そこでは物質界に対する影響力はありません。

　物質界に接触しているエーテル界の一番低い場所に、エーテル成分で作られた記号を持ち込むと強い力を発揮しますが、「お金がもっと欲しい」というような物質界のローカル言語は持ち込み不可で、持ち込んでも無視されるというフィルターがかかります。

　理屈として考えても、物質界においての欲望とか願望、イメージは、一方的に流れる時間の中でこそ作り出されたもので、反対に流れるエーテル界の時間をぶつけられた段階で、これらの願望のほとんどが消えてしまうのです。この世界で作られてきた生き甲斐とか意義とか価値観はほとんど失われます。つまり、この衝突の現場、結婚式の現場で死なない言葉こそが有効であり、例えば「ある人と結婚したい、この願いを叶えてくれ」と思っても、この結婚式では最初からその話は聞いていないし、エーテル界に移動した段階で、その相手のことに興味は失うし、縁も感じないことになるでしょう。

　私はずっと前にある夢を見て、ここではノートに文字を書いています。

このノートの周辺だけが明るく、それ以外は全くの暗闇です。私はよく世界は立方体だと説明していますが、この立方体の部屋が暗闇の中で消えてしまっています。いつもの声が「これでは危険すぎないか」といいました。立方体という安全装置がなく、言葉を紡ぐことだけが世界を成り立たせているのです。しかし、これはメンタル界の現実を表しています。

　自分が置かれた場所は暗闇で無であり、意図を作り出すことで光が作られ、世界が生まれてきます。安全装置とは、このメンタル体の働きに対して、タイムラグがあり、すぐさま反応しない、つまり眠りの要素があるアストラル体のことを示します。さらにアストラル体にぶら下がって、さらに低速になるエーテル体。そこにまたぶら下がる物質体は変化に追従できない組織を形成します。この怠け成分によって、世界は維持されており、下位にあるもののすべてがバッファとして働く性質を持っています。物質生活は変化に対する抵抗体を作っているのです。

　聖書の『創世記』に、一日目に神は天と地を分けたと書いてあります。天と地を分けるという言葉を生み出すことで、その後、世界は天と地に分かれた中で細かいものが発生していくという具合です。

　天と地が分かれたのは、天と地が分かれたという思考のかたちがキープされるということですが、キープしようと頑張らなくても、この思考の中に世界が生まれ、この中に本人や多くの人が住むのですから、住んでいるという行為によって、この天と地の分割の思考は維持されています。

　物質界というのは眠りの世界ですが、天と地を分割したという能動的思考を忘却し、なおかつ毎日天と地が分割されていることを反芻(はんすう)することで世界が続いています。

　スペアがいう記号を作り出し、この記号を忘れてしまうというのは、記

号が作り出したものが継続するには必要なことでもあると考えます。

　私達は一方向に流れる時間の上で生きており、いわばそこに身を捧げていることで、それを頑固に維持しています。

　橋桁の上に立っている人に、橋桁を外すことはできません。反対時間をぶつける瞬間に、もっと違う世界のビジョンを思い浮かべることで、またそうした違う橋桁の上に立つ自分になります。

　仙人になるとか、スターピープルに戻るとか、シフトした地球に移住するというのは足場となる現実の変化であり、これらは地球に依存して、地球の運行が作り出す一方的な時間の流れの中で実現することはありません。地球の一方的な時間の流れの中で実現する新しい未来などないと考えると、地球の物質界で仙人、スタピ、シフト地球を夢見ることは不可能であるということになります。

　時間の対消滅の瞬間でも死なない夢、ビジョン、願望の実現をつなぎとして、段階を経て、実変化になっていきます。

　地上的な夢はほとんど死ぬが、天空からもたらされた至高の夢は、むしろよりはっきりと形になります。

23 工事中の建物の中にあるシャワー

　次の日に見た夢では、以前住んでいた目黒のマンションの前の道にいました。
　このマンションの近くに工事現場のような場所があり、この中でときどきシャワーを浴びているのですが、そこに向かうと工事の人の声が聞こえるので断念しました。外に出ると、その場所は六本木の大通りで、近くに公共の大きなビルがあったのですが、今は取り壊されており、それを見ているうちに私は戻る道順を反対に歩いていました。途中で背後から数人の女性が話しながら歩いている声が聞こえ、コースは反対だったと気がつき引き返しました。
　この夢では六本木の通りと目黒のマンションの前の道が地続きになっていて、どちらも広い道です。目黒のマンションの前の道は山手通りです。
　シュタイナーは、アストラル体は動物を借り、エーテル体は植物を借り、物質界は鉱物を借りると説明していますが、今回の夢では、道路はエーテル体、ビルは物質体というふうにとらえます。ビルは立方体の構造体でもあり、これはいろいろなサイズの世界とも考えてもよいでしょう。
　前からの流れでそのような表現となっており、違うケースではこの当てはめは妥当ではありません。象徴の意味は場合に応じて変えていくのがよいでしょう。
　実際に、私が目黒に住むことになったのは、大鳥神社の祭神との接点ができたことが直接の起因です。それでからなのか、目黒のマンション

の前の中目黒駅前に通じる道は中沢新一の『アースダイバー』に出てくる縄文の海の水の流れ路だと認識しています。

　私はこうした道の意味についてはよく考えます。そもそも道は意味と意味をつなぐエーテルの線ですから、道にははっきりとした個性的な作用があるのです。

　それに日本ではこの道が坂になっていたりすると、それは異なる次元とつなぐという「裂け目」の意味もあり、もともとはそれはヨモツヒラサカから来ています。

　六本木は前からオカルト的な気の流れが強い場所という認識があり、この夢の中では、目黒や六本木と関わる太い道路はエーテル体のメインストリームのようなものです。そのわきに作られたコンクリートの建物は物質体ですが、物質とエーテル体はたいていの場合、時間の流れが反対になっており、濃密なエーテルの流れが物質に衝突すると運命の変化が生じる、つまり物質体に変化が起こるのです。六本木の公共的なビルは取り壊され、違うものに変化しようとしています。変化しようとしているのですが、解体したままで、次の代案が出てこないまま放置してあるようにも見えました。

　反対の時間をぶつけて一定の方向で進んでいる運命の進行を止めたり、違うものに切り替えたりするというのは、夢の中では交差点にいるという映像で出てきたりすることが多いと思うのですが、この切り替えは物質的なものも大きく変化させることになります。

　例えば、地球を消すことができると主張する人がいるとします。これは地球ができる前の時間に移動すれば地球は消えていくというふうに映るのです。時間の流れに異変があると、あらゆる物質的形態は急激に変化していくと考えてもよいでしょう。つまりは、時間を自由に動くことは空間を自由に変化させることにもなります。時間が自由になると、そ

の人は自動的に流れていく時間という自動運転が困難になってきます。

　シュタイナーは、霊界では時間は空間のように歩いて進まないと動かないと説明していますが、いったん自動的に動く時間という固定性がなくなると、つまり、その人の中で依存性がなくなると、いろいろな体験に物語性が欠け、話の連続性がなくなります。

　私達は地球に住んでいて、この物質世界にいると、時間の流れや変化というものがなだらかで連続的だと感じ、それを当たり前だと思っています。このなだらかな流れの中で、情緒の連続や感情の連続性が作られ、逆にこの情緒性などが、事態の変化に対しての抵抗として働くことになります。時間の連続性を断ち切ったり、意識的に方向を変えたりするには、感性や感情が激しく抵抗するということを緩和しなくてはならないと思います。つまり感情とか情緒はものとものを接合するパテとか、梁のようなものになっており、変化したい時には、一度これらを溶剤で溶かさなくてはならないのです。

　夢の中では、私は住んでいる目黒のマンションの中ではなく、いつも工事現場の中にある仮設の場所でシャワーを浴びることになっていました。つまり事物が安定しておらず、壊れたり、作られたりしている流動的な場所で、自分の苔落としをしているのです。これは変化に対応するという姿勢の中で整理したり、掃除したり、余分なものを取り除いたりするということです。

　いつもの私の癖としては、例えば、部屋の中にあるものは休みなく配置変えしたり、オーディオにしても同じものを半年以上持つということはそう多くないこともあり、また使うパソコンも以前は30分ごとに変えていたり、今カフェで原稿を書いている時もイヤホン三つを変えたりします。若い時期だと１年に３回とか４回引っ越ししたりしていましたし、常に落ち着かないというところです。工事現場に住むのが一番適してい

るような気もします。

　どこかに定着したり長居したりすることで、私達は物質界の特有の偏りに気がつかなくなり、それを当たり前のものと感じるはずです。これは物質世界につきものの穢れ(けが)に気がつかなくなるのです。

　穢れとは本能センターにメモリーされた個人の行動の癖、習慣、集団的には伝統、歴史なども含みます。大きく見ると伝統は穢れに属するのです。この穢れに気がつくためには、仮設された場所、完成していない工事現場でシャワーを浴びるのがよいです。できれば交差点に住むのがよいのですが、すると安心して暮らすということは難しくなります。

　皿の汚れを取り去り真っ白にしていくという夢でも、この習慣による汚れを除去することが大きなテーマでした。しかもその夢でも、工事現場ではないのですが、家のない野原で皿を洗って積み上げていました。立方体の保護のない場所です。

　決まった場所に定着すると、その人はだんだんとモノに染まります。この点で夢を中心に生きるという生活方針を作る場合でも、住居を安定させずに不定期、不規則、不安定に移動するとか、また持ち物をあまり持たない、持つとしたら短い期間で手放す、休みなく入れ替えるなどという習慣を持つのがよいでしょう。そして定着する住民と感情的なつながりは持たないことも重要です。

　エーテル体はいつでも物質的なものを壊していく準備をしています。それを定期的に利用しつつ、自分の未来を作り出していくという方針をつらぬきたい人は、どこかの場所につなぎとめられてしまうのが一番困るのです。

　重心を物質生活でなく、自分のアストラル体に置くと、物質面では比較的不安定になりやすいといえます。アストラル体は生命の中心であり、それは世界を感じ味わい楽しむ実体です。アストラル体は非局在的であ

り、エーテル体に乗って、あちこちに移動するのですが、どこかにじっとしていると、ローカルな場所特有の穢れ、あるいは垢(あか)、すなわちカルマ成分を持つようになります。

　正しい行いをするとか間違った行いをするということと、カルマ蓄積は全く別の話です。カルマとは慣性であり、繰り返されると、本人は自覚しなくなり、さらに思考よりも速度の速いH24にメモリーされていくので、思考とか知性はこのカルマを変更することも修正することも改善することもできません。気をつけたら何とかなるというものではありません。

24　アストラル体を海王星で考える

　私はこの本を書き始める前に、『トランスサタニアン占星術』を書き上げました。
　物質界を土星と定義し、それをこじ開けるエーテル領域は天王星に。またアストラル体は海王星、メンタル体は冥王星に対応するという説明をしていたのですが、もちろん惑星は惑星意識としてフェイズ4の物質界に対応するので、ここではメンタル体、アストラル体、エーテル体の小さな反映として、物質界に投影される仕組みを説明していたのです。
　エーテル体は主体を肉体の場所から範囲拡大してあちこちに移動させます。移動するという気分が好きでない人は拡張するイメージを考えるとよいのです。
　例えば、マラソンでA地点からB地点に走る時、動物系知覚、すなわち脳を中心に考える人は、移動していると思います。しかし、植物系知覚すなわち心臓を中心に考える人は、A地点からB地点に自分が展延したのです。植物は移動できないが、枝を伸ばす。動物は餌を取るために自分が移動する。
　エーテル体は植物の形態を借りているという点では植物的な知覚です。感じる本体はアストラル体であり、動物を借りたアストラル体は、エーテル体の線路、道、トンネルに乗ってあちこちに移動するのです。確かにエーテル体は生命体と翻訳されますが、生命の感じる実体というのはアストラル体と見た方がよさそうです。これを考えるのには、占星術の海王星は参考になると思います。
　例えば、土星という物質界に対して傷つけ、主体を物質的身体の外に

連れ出す、あるいは主体と客体の固定的な関係としての信念体系を壊す天王星作用は、物質界から見たものとしてはジオセントリックの天王星です。またエーテル界から物質界への侵入という観点からすると、太陽から降下する視点のヘリオセントリックの天王星を考えてみるとよいのではないでしょうか。

　私の天王星は蟹座の結婚式を執り行う司祭でしたが、これは上から目線の天王星です。ジオセントリック視点は常に自分の肉体が存在する地点から宇宙を見たものであり、それは最後の最後まで物質的視点、局在的なパースペクティブで考えられたものなのです。

　入眠時のスタイルも、眠り始める地点から考えると、これはジオセントリック天王星から考えると面白いかもしれません。とすると、起き際はヘリオセントリックの天王星の方がよいのかもしれません。

　アストラル体の模造となる海王星の位置も、地上から見たものと恒星意識から生み出したものとして、ジオセントリックとヘリオセントリックを比較してみるとよいでしょう。

　『トランスサタニアン占星術』では、12サインを12感覚と結びつけて説明しましたが、アストラル体の結晶を作るのは最後のサインである魚座であると説明しました。

　魚座の30度の「巨大な岩の顔」というサビアンシンボルは、アストラル体の個性を形成し、それ自身が岩のように固く結晶化して、春分点の扉から、外宇宙に旅するというものです。アストラル体の個性とは、地上的な面での人格の個性ではありません。アストラル体の個性とは、世界を感じ取る時の感じ取り方を表すのです。

　例えば、バイクに乗っている人は、身体にぶつかり通り過ぎていく風の感触に気持ちよさを感じるので、風が通過していくところに世界を感じているのです。バイクに乗る人は世界をこのように受け取っていく、感

じ方の個性というものがあるのです。

　魚座は味覚を表しますが、これも世界を味わっているというものです。春分点から外のどこかの宇宙に行くというのも、その宇宙にかじりつき、それを食べて味わうということです。

　魚座は足を意味していますが、足は巨大な舌で、大地に足を着けると、その大地を味わっていると考えるとよいでしょう。

　この感じ取るセンサーとしてのアストラル体を表す海王星は、世代的にどこかの12サインに属するのですが、それによって感じ取り方のタイプは違うでしょう。12サインの違いから、大まかに得意な12感覚を確認してみるとよいのですが、もちろんその前に四元素分類でもっと大まかな姿勢がわかります。さらにアストラル体の象徴的なかたちという時には、海王星の存在する度数のサビアンシンボルを考えてみると参考になると思われます。

　アストラル体は非局在的なもので、個人の身体、その人格的な特徴などには結びついていません。非局在的ということからしても、特定の人だけのものというのはありません。肉体は一瞬で死んでしまいますが、アストラル体はずっと長生きします。理屈として、非局在的ということはどんな時間にもどんな空間にもいるという意味です。だからどこかで死んでしまうということはありません。死んでしまうものは局在的なもので非局在性は永遠です。

　例えば、この太陽系の中でのみ原子が密集していると考えると、原子に浸透した意識は、太陽系の中で遍在し、太陽系の外では死んでしまいます。原子を私は陰陽の対の物質構造だと考えますから、原子核は男性で、電子雲は女性で、相互束縛によって性質が安定しています。

　原子核は外に広がりたい。電子雲は内側に締めつけたい。この陰陽対の構造を持った物質は太陽系のマクロな反映物であり、この太陽系の素

材でできた存在なのだから、それが外に出ることはできません。外に出れば存在そのものが消失するのです。つまり太陽系そのものに依存したところで存在しているので、そこから離れていくことは考えられないのです。

　太陽と惑星群の相互束縛、惑星と月の相互束縛は決まりきったスタイルですが、太陽系以外に変種はあると思われます。それは原子の世界ではエキゾチック原子というものが考える参考になるかもしれません。この太陽系、原子の構造は、その場所から動けなくなるという意味で、局在性への導きです。

　物質世界へ入るにはこの中心性と周縁性の二極化が必要ですが、アストラル体はその強い欲望によって、つまりいろいろな世界を見てみたいということから、物質界へ関心を抱きます。

　金星とスクエアの海王星を持つ音楽家はとても多いのですが、同じようにスクエアを持ち、魚座の23度の海王星を持つジャコモ・プッチーニは、サビアンシンボルが「精神主義的現象」というものです。魚座は21度で山の頂点に至り、そこでより上位の意識を受け取ります。アストラル体にとって受け取るといえばメンタル体以外には想定しにくいでしょう。特に惑星投影ではメンタル体は冥王星です。

　そこでロゴスや意図、言葉、概念などを受け取り、それを地上に降ろしていくのが22度です。そしてたいてい23度とはこの21度と22度の上げたり降ろしたりという運動をリズミカルに遊んだり行き来したりすることに関係します。

　精神主義的現象とは精神を物質に浸透させることです。それによって物質に変化が生じる、あるいは物質世界に精神が反映されていくということです。

　地球上においては物質界は精神をダイレクトに反映していませんが、こ

の度数の人はアストラル体を物質界に型押しするということをしようとするのでしょう。もちろん、アストラル体はそもそも物質界に近づきたいのですが、ダイレクトに物質界につながることはできず、エーテル体の仲介が必要です。エーテル体を介して象徴は事物に乗り込もうとします。

　魚座の段階とは、そもそもサイン体験としては最後のものなので、いまさら普通に物質界に向かいたいということではありません。物質界に入り込むことで、物質的肉体とか、また物質的に生きている自分をもっと霊化したいという目的があります。

　私はホドロフスキーのタロット解釈で、小アルカナの土の元素、すなわちコインなどは、霊的な性質が強いという説明にいまだに納得しませんが、小さなものの中に、大きなものの形を整えるための参考になるものがあるということはいえると思います。

　23度は行ったり来たりする運動のようなものですから、精神を物質化したり、物質を精神に引き上げたりというような相互浸透作用をしようとします。

　プッチーニは作曲の行為でこれをしていたのでしょうか。実生活で何か仕事する人は、実生活や物質生活と、心の中に抱くものが食い違うことは当たり前とみなします。しかしプッチーニのように自分の思うままの演劇的表現を創作することは、夢や願望を実際の舞台に表現する試みができます。

　この海王星は月とトライン、金星とスクエア、太陽とスクエア、木星とスクエアなどのアスペクトを持っています。海王星の示すアストラル体の特性を地上世界でより限定化するために、月、金星、太陽、木星などに引き下ろしているのです。

　アストラル体やエーテル体は、物質的な固いエッジ、つまり時間と空

間の限定枠にはなかなか染まりません。そもそもこの物質体の輪郭には収まることなどあり得ない話なので、何をしてもはみ出しますが、音楽表現の枠は地上の感覚の中では最も非物質的で自由です。

　プッチーニという名前を持つ存在は、数多くの生の中での一つであり、アストラル体はたくさんの人生を作り出し、この多くの分身を全部まとめたものの実体がアストラル体です。このアストラル体は海王星に転写されますが、海王星がアストラル体ということではありません。

　同じ時期の多くの人がこの度数の海王星を持つと思いますが、これらすべての人の経験をアストラル体は自分のものとみなします。アストラル体の目的を果たすのに、地上では非常に数多くの人を必要とするということです。個人はこのアストラル体の細胞なのです。

　プッチーニの音楽は、メンタル体はさほど発達していません。しかしアストラル体は強力です。おそらく音楽芸術の分野では、このことで、プッチーニとは二流の人だと考えられるでしょう。放縦で快楽主義で、音楽を作ることにおいては極めて真面目ですが、天上の無の領域にはあまり近づきたがらないのです。ベートーヴェンやバッハはプッチーニよりは高度です。しかし、プッチーニには世界を楽しむというアストラル体としての多彩さはかなりあります。

　私はヴェルディよりはプッチーニの安っぽいドラマと感情表現の方が好きです。そもそもオペラは人と人の関係の中で生起するもので作られるもので、そこから一歩も外に出ることはできません。この息苦しさが疲れると感じた人は、ベートーヴェンの弦楽四重奏曲のように、人のいないメンタル界の音楽に逃げたくなるのです。

　プッチーニのヘリオセントリックの海王星は魚座の24度にあり、サビアンシンボルは「人の住んでいる島」です。23度では精神の次元から物質の次元に至るまで相互浸透するというような意味がありましたが、こ

れらを島という閉じられた場所で行います。なぜなら一般社会では、地球特有の歪みがあり、精神は物質には正確に反映しませんし、物質世界は精神や魂の世界に拒否反応をするのです。しかし、外からの人の出入りの困難な閉鎖された島では、自然な生態系がすべて揃っており、つまり精神から物質に至るまでのすべての次元のグラデーションがあり、それ自体が宇宙的な自然な生態系のミニチュアになります。

通常の人類が住む地球環境ではナチュラルなバランスは存在せず、人間が他の生命、あるいはより高度な生命に至るまで、次々と追い出していくということも起こります。より高度な生命に関しては追い出すというより、それに気がつかないことに徹するのです。気がつかないものは存在しない。この点でこの24度は、本来の宇宙的バランスの取れた生命圏の配置をしていくということに興味を抱いていて、結果的にそれは体験のバラエティを作り出すことになるでしょう。

同じ水のサインで、正確な120度となる蟹座の24度に「南の島の男女」というような意味のサビアンシンボルがありますが、隔絶された場所での理想の世界とか、モデルケースを作ること、箱庭的な空間に宇宙のすべての要素を封じ込めるというような点では、魚座と蟹座の24度は共通しています。

同じ水のサインの蠍座24度は、「一人の男の話を聴くために山から下りてきた群集」というサビアンシンボルですが、これは階層コスモスの上から降りるもの、下から上がるものが交流している有様です。蠍座の24度のサビアンシンボルは間違いではないかと思うのは、「山上の垂訓（すいくん）」をたとえにした場合、山に上がる群衆というものになるからで、私はこの方が正しいと思います。

いずれにしても、オペラは、この箱庭宇宙を作り、この中にすべての要素を持ち込もうとします。

このようなことを書いたので、夢の中にプッチーニが現われました。
　夢の中では、彼はオペラ劇場のサイズではなく、実際に王国が欲しかったそうです。また世界で最も大きなダイヤモンドも。白い燕尾服を着ており、私が彼の野望を茶化すと、空に向けて拳銃を発砲し、私の隣にいた男性がそのことで非常に驚きました。
　彼の影響力を見ると、国を一つ自分用に持ってもおかしくないとは思いますが、国の軸を作るためには本来メンタル体、すなわち大天使の力が必要です。
　シュタイナーはスイスには民族霊がないといいましたが、その点では日本にもないし韓国にもありません。プッチーニが「国が欲しい」といったのは自分の意図する力をメンタル体にまで高めたいということでしょう。ぜひともどこかの島を与えるべきでした。そして島全体でオペラをするとよかったのではないでしょうか。

25 決まりきった人間の型からはみ出す、本能の書き換え

　古来から、人間は三分節でできていると考えられていました。思考と感情と身体で、これを３つのオクターブと考えることもできます。

　グルジェフは、身体の要素をさらに三つに分けて動作センター、性センター、本能センターに分類しました。思考はＨ48の速度で働いていますが、この身体の三つのセンターのうち、動作、本能はＨ24の速度で働いています。動作、本能は考える前に動くのです。

　自然体で生きている普通の人という場合、この思考、感情、身体はばらばらに働き協力し合わないことも多くなります。グルジェフは「人間は機械だ」といいましたが、それは思考、感情、身体が、それぞれの持っている癖とか、傾向のままに生きていて、この「自然性」に抵抗することなく生活しているからです。この自然性と感じてしまう機械的要素を発揮する時に、人は自由を感じるのです。

　この三つの組織の分裂は、タロットカードでは、「６恋人」のカードに

「６恋人」

描かれており、地面の上に三人の人物がいて、それぞれ手の位置がばらばらで、互いに議論しています。

　地上生活はこの三つの組織が衝突するので、予定の通りに何かできることもなく、まるで偶然に任せたかのような方向に進みます。国家同士でさえ約束は果たされません。そして何が真実かわからないし、人にはそれぞれの考えがあり、それぞれが勝手に生きているのだと考えるのです。

　すると、結果的に、物質的な面で統括しなくてはいけなくなり、そこから政治的支配者なども登場します。相対的知性で生きている人は、客観知識というものを理解することができません。人によって考え方が違うというのは主観知性で生きており、客観知識に到達しない人の考え方です。高次思考センターが働くと、客観知性が働きますから、時代によっても人によっても思考や知識というのはそう違いがないことがわかります。不思議なことに、この共通した客観知性を持っている人ほど、表現力に多様性と応用性が生まれます。

　身体は動作・本能のH24とH12の性センターの速度で働くということは、思考や通常の感情による制御、説得がきかず、主人の言うことを聞かないで走り出す犬のようです。この中で、最も高度な振動を持つ性センターは、本来は外界に対して完全な無関心が特徴だといわれています。

　多くの人は性センターというと、性行為とか性的欲求に関係したものだと思うでしょう。これは性センターが地上生活をする上で男女に分裂し、半割れの切符を持たされたような状態になり、単独の性質に戻るために、残り半分を引き寄せようとするからです。しかしプラトンがいうように、地上では、影の半身に似た存在と親密になっても、それは正確な影の半身ではなく、似た何か違うものであり、地上で真剣に影の半身を追求すると失望以外はないでしょう。

物質体の裏にあるかのような一番低いエーテル領域に反対の性が隠れていることを説明しましたが、これを何らかの手段で思い出し、物質的な面で持つ性と結合すると両性具有になり、性センターは生命体本来が持つ外界に対する無関心さを取り戻します。片割れだからこそ、外界に幻影を求めていた。しかし片割れが手に入ってしまうと、外にきょろきょろする気分でなくなってしまいます。

この性センターを"宿り木"にしてアストラル体が成長します。時間は反対に見てもよいので、アストラル体が成長することは、もともとのアストラル体を思い出すことでもあります。重大な記憶喪失を起こしている地球人はもともとの自分のアストラル体を未来的に思い出すのです。

アストラル体はメンタル体のロゴスを骨にして、その周囲に出来上がる肉の身体のようなものです。ですから、正確なアストラル体を作るには、メンタル体がどうしても必要で、これが宇宙に飛び出し自分の故郷の恒星に戻ることを表しています。

H12は受容体なので、メンタル体そのものの力を発揮することはなく、むしろメンタル体の力を受信するという性質を発揮します。

神様と交信する巫女さんは、神様がH6であり、巫女さんがH12だということです。発見する、包まれる、成り切るという変容の三段階でいえば、巫女さんはもう神様を発見しています。身体まるごと神様の力に包まれ、もう手足も出なくなった段階の後に、神様そのものになるといえばよいでしょう。ここで受信から発信側に移ります。

H12成分は太陽系の中にあるので、恒星H6領域には自ら飛ぶことはできないのですが、能動領域の恒星から働きかけをすると受信します。より速度の速いものを、遅いものは呼び出すことはできません。たいていの場合、ある恒星に行きたいという願いは、その恒星から呼ばれたのです。このメンタル体、あるいは恒星のコアがあると、その意図を忠実に

再現したアストラル体が形成されます。それは地上から伸びて、一番上に花を咲かせたような性センター、しかも表裏が一体化した両性的性センターの上に、鳥が止まるように降りてきます。
　身体を構成する動作センター、性センター、本能センターは、能動、中和、受動、すなわちプラス、ゼロ、マイナスという関係で、電圧でたとえると、プラス15Ｖと、プラス１Ｖの電位差がある場所ならば、ゼロの中点は、プラス８Ｖです。つまりゼロの中和点の柱は、左右の陰陽の関係で位置づけられるか、反対に真ん中の中和点の性質が、その幅に応じて、左右の陰陽の力を決定していくのです。
　地上から見ると偏った場所にあるかのように見えても、視点として中和点から見ると自分はゼロ地点に存在しており、地上から見て偏った場所にあるかのように見えるのは、地上界の偏向です。本来性センターは、純粋にアストラル体が地上に降りてきたものの模造でなくてはならず、アストラル体の個性が反映されるべきです。しかし地上で暮らす人の場合、この将来作られるはずのアストラル体の個性にふさわしくない動作の癖を持つはめになります。それはローカルな場所に住んでいると、その場所での習慣、癖に染まるからです。身体の動作の癖は感情の癖と思考の癖を作り出します。あるいはばらばらに違う癖を持っています。これらは個性ではなく癖であり、癖を洗練させると個性になるのかというと絶対になりません。しかし地上界ではしばしばこの癖を個性だと勘違いします。
　本能センターは、繰り返し行動の中で自動化し、本人がもう意識できなくなったもので、速度が速い（H24）ので通常の思考（H48）ではコントロールできなくなったものです。これは表面的には本人の行動・動作の癖の蓄積ですが、さらに深い部分では集団的な記憶の蓄積をしています。

家系の癖や地域性、伝統、歴史なども、この本能センターにメモリーされています。動作センターは、この本能センターを通奏低音にして働くので、その人の動作には、刻印された本能センターの癖が大きく影響を与えます。

グルジェフのムーブメントとか、シュタイナーのオイリュトミーとか、その人の動作の癖を出せないような行為を繰り返すことで、本能センターの偏りを修正しようということはとても有効なのです。繰り返しによって刻印されたものは、同じように繰り返しによって修正が可能ですが、そのためには非常に時間がかかり、短時間で進めようとすると死ぬほどの苦痛を味わいます。この修正の基準は万人に共通する基準ではなく、その人の本来のアストラル体が引き下ろされた中点の性センターが基準になるべきなのです。アストラル体が地上に降りると、反対に肉体は天上に引き上げられます。

動作と思考は密接に連動しており、これは占星術の12感覚でいえば、運動感覚の射手座と言語感覚の双子座の180度の関係で、何か考えるだけでもその人は微妙に動作しているのですが、固有の動作の癖が残ると、どんなことも正しく理解せず、曲げて受けとるようになります。

英語を勉強したかったが15年邪魔され続けたという人の話を聞きましたが、これは思考が英語を勉強したかったが、感情と身体がそれを聞き入れなかったということでもあります。つまり初期的な段階で、思考、感情、身体は協力し合わないのならば、どんな小さなことも達成できないということです。次に身体の癖はどんなに英語を勉強しても、ある段階で限界があって、それを突破できないというような状況を作り出すでしょう。

スケート競技などでは、個人の動作、思考、感情の癖が残ると、やはりあるところから先には進めないでしょう。

動作の癖を作り出す遠因である本能センターのメモリーの奥部には、アストラル体の個性の本来性から逸脱した、集団的な癖が刻まれています。性センターが地上で割れてしまい、不足を外界に探そうとして、どういうわけか勘違いで、あらぬものを身につけてしまう結果です。本来の個性から脱線した癖が本能センターに贅肉のように蓄積されるので、これを穢れと呼びます。

　夢では、野原で皿を真っ白に洗おうとした時、汚そうとしてやってきた男性がいた。また皿についた水は綺麗に拭き取らなくてはならない。完成された建物ではなく、工事現場でシャワーを浴びるという話も、このアストラル体の性質に反する余計な地上の持ち込み物はすべて穢れとみなして掃除しなくてはならないという話です。

　外界に無関心な性センターと動作・本能センターをぴったりと同期させることは、生命としての美を地上に体現することになります。世の中でいう「美」と、生命の本来の「美」は、多少、違います。というのも、世の中でいう美の基準は、時代性とか主観性の影響が強いところで決められたもので、表層的な基準であることが多いからです。

　専門家的悟りは知性においてのH24を持つことであり、身体においての正確なH24を獲得することは、この動作・本能センターが中心にある性センターに同期するために、地上の生活で染みついたカルマ成分を除去することで進みます。もちろん、思考と感情と身体は連動するので、身体のH24の完全性は、思考においての働きも歪みがなくなってくることになります。専門家的H24の知性の育成も、この身体の本能センターの汚れが残ると大いに邪魔されます。

　我流でピアノを演奏していた人はある段階で止まってしまい、その先に進めないということになるのですが、本能センターに蓄積された歪みや癖は、集団的なものも含まれているので、正規のピアノの演奏を習得

した人が、ある時代になるとそれは間違っていたことが判明するということもあります。

　バッハの時代のピアノ奏法は現代では使えないわけです。客観意識としてのアストラル体、メンタル体を基準にしないことには、地上ではいかに正当だといわれても多くは主観的です。

26　「13死神」のカード

　このカルマ的な穢れを掃除するというのは、タロットカードの「13死神」が示しています。
　2017年に夢の中で、私がエビ金星人と呼んでいる存在が出てきて、「13死神」のカードはカルマを修正したり消去したりする作用があり、それは未来にだけでなく過去に影響が及ぶと説明していました。つまり、過去のカルマでさえ書き直してしまうということです。
　本能センターにメモリーされた家系傾向は自動的に働く特性なので、J・F・ケネディの悪夢のような行動もケネディ家のカルマに動かされたもので、本人がいかに努力してもいかんともしがたいものです。家系的特徴、伝統、歴史、地球的カルマとかそのようにいつまでもだらだらと連続する慣性歪を修正するにはただならない力が必要ですが、高次の意識の降下は極めて強力です。
　グルジェフ式にいえば、インターバル地点に降りてくる高次な意識に

　　　　　「13死神」　　　　　　　　　　「14節制」

はいかなることも可能です。身体のセンターを本来のアストラル体の個性の地上的反映というものに軌道修正して調整するには、修正するためのリファレンスが必要で、それでいて修正しないことにはリファレンスたるアストラル体の結晶が上手く作れないという堂々巡りがありますから、交互運動がよいでしょう。

これはタロットカードでいえば、「13死神」と「14節制」の交互活動でしょうか。

タロットカードでは、「12吊られた男」はヤコブの梯子に足をかけ、地上には接していないので、天上的ビジョンを育成しやすい。そこで計画書をしたためて、その後、「13死神」で地上を粛清、すなわち本能センターにメモリーされたデータの不要部分をデリートするのですが、「12吊られた男」の段階ではちゃんとしたアストラル体の結晶はまだ作られていないし、だいたいにおいてそれは予感的なものにとどまっています。

私はタロットカードの数字とサインの数字は似ていると説明したので、12の魚座では、アストラル体結晶を作り、最後は30度で「巨大な岩の顔」として硬い個性を作ると説明していますが、魚座の段階では、12サインが地球的アカシックレコードの盤であるというように、実は宇宙に飛び

「12吊られた男」

「16塔あるいは神の家」

出すと破損してしまいます。より高速な物質が飛び交う宇宙の中での衝撃に耐えられるようなアストラル体を作るためには、恒星に到達し、コアとなるメンタル体の軸を作り出し、この肉となるアストラル体を精錬することで、真の意味で強固な岩の顔ができるのです。

宇宙に飛び出すのは「16塔あるいは神の家」ですから、タロットカードでは12が終わった後のプロセスが、宇宙的な衝撃にもびくともしないアストラル体を作り出すために使われていくのです。

将来的にアストラル体を手に入れるとしても魚座、あるいは「12吊られた男」の段階で、アストラル体の計画書はあることはあります。12番カードと似た魚座の支配星の海王星は、アストラル体のイメージを想像させます。これらが正しいかどうか確認する方法は、真に楽しいかどうかでしょう。

アストラル体は力が強すぎて肉体を破壊する性質でもあり、これが手に入ったら死んでもよいと感じさせます。死んでもよいというのは死を超えた楽しさであり、物質界から見るとアストラル体はそう感じさせるのです。

強引な話として、十二進法という変則的なカウントで考えてみると、12サインの2回転目の射手座は「21世界」のカードになります。また、「16塔あるいは神の家」で、蟹座の宇宙のお家を探し、そこに帰るという段階になります。

	牡羊座	牡牛座	双子座	蟹座	獅子座
1回転目	1 魔術師	2 女教皇	3 女帝	4 皇帝	5 法皇
2回転目	牡羊座	牡牛座	双子座	蟹座	獅子座
	13 死神	14 節制	15 悪魔	16 塔あるいは神の家	17 星

蟹座のホームは、ここではどこかの星雲の恒星なのです。秋山眞人氏はその著書『Lシフト』（ナチュラルスピリット）の中で自分の故郷はカシオペアにあると書いており、本当はもっとマイナーなものが好みであるのだが、メジャーなカシオペアになってしまったといいます。

地球から見てのマイナーな星雲や恒星が故郷だと、地球上においての活動に、大きな広がりは期待できません。潜在的に多くの人に知られているものだと、影響力も大きいです。

出口王仁三郎は、自分がオリオンから来たといっていますが、彼が活動している時代に彼の影響力は天皇の力を乗っ取りそうなくらい大きく広がりました。カシオペアは神話ではヤマトタケルとか、「W」を反対にすると二上山にたとえられたり、またアメノウズメの打ち鳴らすパーカッション、つまりひっくり返された船とたとえられたりしており、なかなかメジャーなものです。

「13死神」のカードでは、死神は頭、腰、かかとなどにポイントがあります。粛清するのは地上ですが、そもそも本能センターのメモリーはH24に記録されており、これは物質界H48よりも高次な領域であり、ほとんどエーテル体といってもよいものです。その点で「13死神」のカードのかかとは地上に接しているが、それよりも高度な場所に対してもひとからげに断捨離しようとしています。

これを書いている今日の夢は、物質界からエーテル界に行くと怪物化

乙女座	天秤座	蠍座	射手座	山羊座	水瓶座	魚座
6 恋人	7 戦車	8 正義	9 隠者	10 運命の輪	11 力	12 吊られた男
乙女座	天秤座	蠍座	射手座	山羊座	水瓶座	魚座
18 月	19 太陽	20 審判	21 世界			

し爆発するが、エーテル界から物質界の方に向かうのは比較的スムーズというものでした。

そもそも物質界は限定された時空にある固形物のようなものなので、これが非局在のエーテル界に向かうと形が拡大しフォーマットも爆発して無形化してしまうのは当たり前です。それは眠る前の印象の崩壊状態で理解できます。

夢の中では、この物質界からエーテル界への怪物化をまるでコードネームみたいに「トカゲ」と呼んでいました。トカゲといわれると多くの人は尻尾切りと想像するはずですが、その通りにこれは因果の糸が切れてしまうことも表すのではないでしょうか。

エーテル体は局在から非局在に伸びています。非局在、すなわち無が介入すると、時空の因果法則は成立しなくなってしまいます。下にあるものは上に上がれないが、上にあるものはいかなる介入も可能という法則も、これは下にある因果法則を壊してしまうことに等しいもので、ルールも何もあったものではないということです。

物質界においての因果は、科学とか数学とか道理とか常識とかを例に考えてみるとよいでしょう。1足す1は当然2（$1 + 1 = 2$）というようなルールがあってもエーテル体では初期にはフォーマットを怪物化させ、次に無効化してしまうので、この単純な算数のルールさえ成り立ちません。

ここでは、「親の因果が子に報い」などというカルマ性もほぼ無に帰してしまいますから、「13死神」の性質そのものです。「13死神」のカードとはエーテル界から物質界への介入なのです。正確にいえば、将来的なアストラル体のリファレンスがエーテル界を通じて地上に降りてくるのです。カルマの因果が無化されるために、物質イメージの怪物化というのは浄化の初期段階です。風船が膨らみ、そして限界を超えた段階で破

裂するのです。つまり粛清は断捨離という減らす方式もあれば、増長させて爆発させるという方式もあるということです。

グルジェフのムーブメントのように、非常に正確な舞踏を練習する、少しでも気を抜くと、隣の人に腕がぶつかってしまうというようなものは減らす方向です。デュオニュソスの配下のマイナス教団の狂乱行動は怪物化と爆発の方向です。

このエーテル体と物質体の接触面は、物質から見たものとエーテル体から見たものはずいぶんと違うという夢ですが、エーテル界から物質界に戻る時の記憶の連続性にはちょっとした工夫が必要らしいようです。というのも、法則が違うので、そのまま記憶は持ち込めず、いったん銀行に預けてそれから受け取るみたいな迂回が必要らしいという内容もありました。

私は毎日の夢の三つのフェイズのうち、2と3はそのまま覚えています。このそのまま覚えているということそのものが悪夢みたいなもので、生活全体に緊張感が満ち満ちたものになっていくのですが、法則が違う世界のことをまるのまま記憶し現世に持ち込むと、ルピーを円に換金しないで、そのままポケットに入れたまま帰国したみたいなもので、現世のフォーマットには破綻が生じやすくなると思います。

27　真ん中にある池

　地球とその周囲の月の軌道に関係した夢について説明してみます。
　夢では遊園地のような場所に行きました。私は子供連れです。遊園地の真ん中には大きな池があり、何人かの人が池に飛び込んで遊んでいます。私も池に飛び込みましたが、結果として、連れていた子供とはぐれてしまいました。実生活と同じく、携帯電話をいつも持ち歩かないので連絡がつきません。
　池を周回する道を、上から見て右回りに捜索しましたが、やがて図書館の区画に入りました。ここには図書館があったのかと改めて驚きます。さらに通り過ぎて行くと、私の知っている男性が数人いて、この中に私の子供がいました。
　この池の水に飛び込むというのは、地球世界に入ることです。
　私は生まれる直前の記憶がありますが、そこでは地球に生まれるとは崖から飛び降りて、下に溜まった茶色の泥水の水たまりの中に入ることで、汚染水への入水自殺みたいな行為ですが、今日の夢では、水に飛び込むことは遊びだったのです。つまりすぐに戻れる人達の行為であり、これはドロレス・キャノンのいうような地球にボランティアで生まれてきたグループにも第一波から複数の波が続き、後になるほど行き来は楽になってきますが、最初の第一波にとっては汚染水への入水自殺に等しいように見えるのです。
　枠のある水たまり、あるいはプールは、土の枠の中の水というタットワの記号に表現されます。既に地球とはこの土の中の水という定義を決め込んでしまいましたから、その後、連続して真ん中に水、周囲に道が

あるという光景を夢で何度も見ました。

　JR新宿駅西口の光景で、丸く回転している道があり、その中に陥没した円形空間があるというものや真ん中の池に警戒感を感じつつ、この地球世界は「ヒロノス」という名前であるという夢も見ました。

　朝、目覚めてから、これは「広の巣（ひろのす）」でもよいだろし、「広」を「コウ」と見るならば埼玉県「鴻巣（コウノス）」市でもよいのではないかと思いました。というのも、鴻巣市がある埼玉県には「見沼（さいたま市見沼区）」があります。沼を見ているというものですが、沼は私が生まれる前に見た地球の、泥水の溜まった水たまりに似ています。中心の水と周囲の道という光景を夢の中で何度も見ているうちに、この真ん中の池は安心できない警戒するべき場所に見えてきました。

　最初に戻って遊園地の夢では、この水に飛び込む、すなわち地球物質界に入ることで、連れていた子供を見失います。これはタロットカードの「19太陽」のカードの二人目の子供と見てもよいでしょう。

　それはエーテル界にいて地上には連れてこれませんし、私自身が地球に飛び込んでしまうと、このことを忘れてしまうのです。

「19太陽」

環状の道を歩いて図書館を過ぎてから見つけた知り合いの男性達は、エーテル界にいる仲間達、最近はあまり接していない人々ですが、私がスピカに行く時には、彼らは数人が溶けてトンネルを作りました。私の子供は彼らが見つけ出して保護していたのです。
　環状の道に12サインを当てはめると、図書館は射手座あたりにあり、またチームは天秤座あたりです。
　後で説明しますが、2回転目の12サインでは天秤座は「19太陽」のカードに対応するので、そこに二人目の子供が保護されていたともいえます。月のステーションの場所によって異なる担当を考えるのに、2回転目の12サインを当てはめるのは便利だと感じました。
　この池の周囲の道を歩く時に、上から見て右回りに移動したのですが、この上から見て右回りとは、エーテル界から物質界へという降下の方向です。イザナミとイザナギはおのころ島を作る時に、上から見て右回りにかき回したのだと思います。
　タロットカードでは、この降下は「14節制」のカードに描かれています。これが左回りになると、物質は流動化し壊れていき精神方向に向かうのです。物質界に入る前の、周辺の円環状の宇宙ステーションに、私のエーテル体ボディが置かれていて、物質肉体は地球にありますが、夢の中では毎日のようにこの月のステーションに戻っていると考えられます。この場所が基地であり、ここからあちこちに行くのです。
　しばらく歩くと図書館があったというのは、この軌道上にアカシックレコードの保管庫がありますが、そもそも宇宙ステーションは数多くの小型円盤の集積であり、この21個の小型円盤はもともと文字に対応しているということで、タロットカード1枚ずつに対応しており、またヘブライ語のような21個の文字ですから、図書館があるのは当たり前の話でしょう。

上から右回りに歩きつつ池に飛び込むと子供を見失う。そもそも地上に生まれてくると、地上の思考、因果法則などに入り込むことですから、するとエーテル界の法則を忘れてしまうのです。月の都市に戻るかぐや姫は記憶を失うと書いてあります。法則が違う世界には記憶をそのまま持ち込めないのです。

子供は誰かに見つけてもらい、保護してもらい、預かってもらう必要があります。スターピープルの帰還の場合には、この子供は同時にウェイクアッププログラムでもあります。

エーテル界の側から物質界に向かうと物質界の因果法則はあらかた無効化されるか壊されてしまうのが「13死神」のカルマ浄化作用とも結びついていることになるのですが、反対にいえば、この物質世界に自我が同一化してしまうと、記憶を失い、「13死神」に壊される側になってしまうということです。

宇宙的なアストラル体は、地上的なセンターである思考、感情、身体の三分節を調整しなくては、記憶を保ったまま身体生活には降りてこず、物質界をただ壊すだけに終始してしまいます。最初から掃除してあれば、そのまますんなりと右回りに降りてくることも可能です。

「14節制」　　　　　　　　　　「13死神」

私達が地上に生きている理由は、このアストラル体の土台を作るということも含まれます。地上に住んでいる人は地上においての歴史、伝統などを大切にしている人も多よいのですが、これらは本来のアストラル体に忠実でない穢れ成分を多く含むことになる理由は、地球社会は宇宙的なものと断絶して運営されているものが多いので、地球で何度も繰り返して重厚な重みを持ったものは上の次元の意識を受け止めることに抵抗するカルマ成分を作りやすいのです。
　「13死神」ではそれを粛清することになりますが、抵抗が強いほど死神の力は強硬になります。上から見て右回りは降下ですが、これは死神の行為は古い記憶に新しい記憶を上書きすることで消去することに似ています。もし、上から見て左回りはそのまま建物の解体です。
　この浄化に夢の体験は貢献することもできます。夢はたいてい象徴的な出方しかしないので、それを解釈するのに時間をかけることになります。この時、つい象徴辞典とか夢の辞典などを参考にしたくなりますが、地上で独自に発展させた解釈体系は、本来のその人のアストラル体基準から照らし合わせたものではないので、書物に頼ると解釈は曲がります。この解釈の曲がりも穢れといえます。
　夢をその人の本性に従って解釈していくのは、アストラル界とエーテル界と物質界に軸を通し同期を取る練習です。

28 アナザーワールドへ斜め移動、２回転目の12サイン

　夢とかエーテル体を重視し、そこに自我を置くような生活をすると、孤立した法則を持つ地球世界でははみだし者になったり、時には秩序紊乱（びんらん）者になったりしますが、それが衝動的なものではなく、明確な宇宙法則の秩序に従ったものになると、新しい地球あるいは宇宙へと生活をシフトさせるスムーズな道筋が作られていきます。

　私は2017年に『タロットの神秘と解釈』を書きましたが、そこで12サインは、タロットカードの１から12までのカードと似ており、ロゴスとしては同一の意味を持つので、12サインを体験することで、タロットカードの12までのプロセスは上手く進むと書きました。

　特に「11力」のカードと「12吊られた男」は、この世界から少しずつ浮いていく、脱出する方向に向かっており、その点では、12サインとは横に並び果てしなく同じ場所を回転するのでなく、斜めに置かれており、

　　　　「11力」　　　　　　　　　　「12吊られた男」

螺旋回転するものであると考えるのです。

　タロットカードは、11以後は世界から脱出して、宇宙に飛び出す方向に向かっており、だから、タロットカードを日常生活においての問題解決とかよりよく進めるための「占い」としては使えないと書いたのです。

　結婚したりお金儲けしたりしようとしてタロット占いに頼っていると、いつの間にか、地球生活から弾かれてしまうし、地球においてはホームレスになってしまうような力がタロットカードにあるのです。

　タロットカードは数字のロゴスの体系であり、その点では、私は昔から一番慣れているものとして、9の数字で分類することが多かったのです。

　例えば、「12吊られた男」とは足して3（1 + 2 = 3）となるので、3の数字の意味する創造、生産の性質であり、なおかつ偶数なので、内的に創造すること、というふうに解釈するのです。

　ホドロフスキーや、あるいは他のタロット研究者はしばしば10の数字で分類します。これは大アルカナカードを2階建ての建物のように配置し、例えば「15悪魔」は5の数字の2階にあるものだと解釈します。

　「5法皇」の図柄と「15悪魔」のカードは絵の配置が比較的似ています。

「5法皇」　　　　　　　　　　　「15悪魔」

法皇は進化した段階で悪魔になるのです。

　タロットカードは金星人がもたらしたものというチャネラの話もあり、ここでは７の数字で分類します。

　私はこの７で分類するということについては、いまだに抵抗感を抱いており、あまり妥当性がないのではないかと感じていますが、しかしタロットカードが数字のロゴスの体系だとすると、どんな数字でも分割できて、それによって、今まで気がつかなかった顔、側面が判明することになるはずなので、７で分類する人がいても悪くはありません。

　このように考えてみると、タロットカードの12までは12サインに対応できると説明した後に、13以後は12サインの意味は力尽きて、13以後はもっぱらタロットカードにのみ依存しなくてはならないと考えるよりも、タロットカードをあたかも十二進法のように12の数字で分割して、12サインも２回転目を考え、それによってタロットカードの21まで意味と共有させてしまおうと考えるのも悪くはありません。そうした方が、タロットカードの13以後の意味にも、より幅を持たせることができます。

　ただし数字のロゴスはメンタル界に属するものであり、ここに固有のイメージの意味とか、余計なものが付着することで、応用力が奪われ、いろいろな数字で分割して分析するということができなくなります。

　タロットカードの絵柄はアストラル的なイメージであり、アストラル体は、メンタル体的な応用性、あちこちのイメージの中に共有された意義を見つけ出すという力がありません。

　絵柄にこだわる人はタロットカードをいろいろな数字で分割するということはしない方がよいでしょう。

　アストラル体はメンタル界の数字のロゴスにリアルタイムで忠実に従うわけではなく、たいていどこかで抵抗し、それからしばらくして、従うということになります。メンタル体からすると、アストラル体の固有

の主張や個性の主張が、単独的になった時、つまりガラパゴス的になった時には、すぐさまそれを切り崩す必要があります。そうしなければ宇宙的には癌(がん)組織になってしまうようなものだからです。できればタロットカードの絵柄から、カードの意味を考えるということをしないようにということです。

　12の数字で分割する、つまり十二進法的に考えることで、サーフィンするかのようにして、斜めにアナザーワールドに滑り込むという印象になります。

　12サインは上から見ると、牡羊座、牡牛座と、左回りに動いているように見えます。上から見て右回りという物質化方向とは反対の物質の崩壊と精神化への方向です。私の夢では池の周囲の環状の道を右回りに歩き、池に飛び込みましたから、これはディセンションのコースですが、12サインはアセンションの道筋です。

　これまでの地球は水を溜め込んだ革袋、ヒロノスという名前の土の中の水の世界だと決め込んでしまったのですが、この地球に最も近い場所に新しい地球があるとすると、順番としては、このシフトした新地球は土の中の火というものになりやすいでしょう。段差のあるシフトでなく、12サインとして回転しながらずれこんでいくということが可能です。

　そもそも私は、12サインをシュタイナーの考えを使って12感覚であると定義してきました。ですから、アナザーワールドへのシフトは感覚が少しずつずれていくということで果たされます。死の恐怖を感じないで、そのまましだいにずれていくというのは、比較的楽しいイメージで、ゲーム的な手法を使うともっとよいでしょう。

　夢を頻繁に使っていくと、それは謎解きの連続となり、これも楽しいものです。夢を使わず起きている日常の時間でそれをこなそうとすると、人間の感覚は一点たりとも変化しないように努力しますから、どこにも

行きようがありません。

　アナザーワールドといっても、せいぜい海外旅行する程度で、その先でいろいろ体験しても、いつもの日本とあまり変わらなかったということに気がつくし、例えば月旅行しても、これはこれまでの感覚が変化しないままでの体験です。つまり真の意味で外の世界ではないので、新鮮なのは最初だけです。

　私は長く占星術をしています。だいたいハイティーンの時代、高校生の頃に、既にクラスメートのホロスコープを読んでみたり、音楽辞典を持ち歩き、歴史の順番で、作曲家のホロスコープを作ったりしていました。50年くらい親しんでいると、占星術は頭で考えるのでなく、心身に染み込んでいるもので、つまり、本能センターにも蓄積されています。このように馴染んでいる人は、占星術の12サインに、思考、感情、身体がすべて連動するので、12サインの順番で少しずつ違う世界に入っていくということも馴染みやすいし、通常のホロスコープをそのままアナザーワールドに行くために活用するという使い方もできるのではないでしょうか。

　例えば、12サインが思考のみで受け取られている時には、12サインを巡回することは感覚のシフトにはならないでしょうし、感情と身体は何の話かわからないというままに止まります。

　天王星は公転周期が84年なので、今までの物質世界から、今度はエーテル的な要素をもっとふんだんに盛り込んだ2回転目へということを想像しやすくなります。

　土星は公転周期が29年なので、2回転目はサターンリターン後となり、ここでアナザーワールドを考える人などいません。むしろこれから世間に、という方向です。しかし年齢に関係なく、次の世界に移動しようと志す人はいるでしょうから、惑星のどの公転周期かというのを固く考え

すぎる必要はないのかもしれません。

　エーテル体においては物質世界の時間、空間の秩序、因果律は度外視されます。つまり惑星の年齢域などを真面目に受け止めることも物質界での考え方なのです。

　ただし多くの人は受動的で怠け者ですから、ならば、この今の生活のまま、今までのホロスコープの解釈のままアナザーワールドや次元上昇した世界に行けると思ってしまう人もたくさん出てきます。円回転しているものに、上に上昇する推力を与えるのは自然的なものでなく、明らかに強い意図が働く必要があります。それ以外に、この円を斜めにしていく理由はどこにもないのです。

　そのため、自然的に素直に生きていることで上昇した世界に行くことはない、積極的な意志のみがそれを可能とさせるということを、しつこく説明しなくてはならないと思います。

　そのはずみの力は水瓶座、そして「11力」のカードにおいて、自己想起すること、印象に食われて不在な自分を救済するという努力から始まります。これはある意味、強い反抗心であり、グノーシス衝動であり、自然性に対して「ノー」という姿勢です。この自然性とは、慣性で働いているカルマ成分のことです。今までしてきたから、これからもそうする、というのは慣性であり、人はそこに自然なものを感じるのであり、やがて徐々に退化していきます。

	牡羊座	牡牛座	双子座	蟹座	獅子座
1回転目	1 魔術師	2 女教皇	3 女帝	4 皇帝	5 法皇
2回転目	牡羊座	牡牛座	双子座	蟹座	獅子座
	13 死神	14 節制	15 悪魔	16 塔あるいは神の家	17 星

2回転目は「13死神」のカードから始まるという点で、12の区画のすべてに死神の作用が発揮され、すべてそれまでのものを消去して新しい秩序を上書きするというものになります。

　最初の円は「1魔術師」から始まったので、見よう見まねで、試行錯誤しながら体験してきました。2回転目は、それらを解体しつつ回転していくので、より正確で緻密、迷いの少ないものとなっていくということにも取れます。

　私が本の原稿を書く時、最初は、行き当たりばったりの試行錯誤で書く状態で、それが仕上がると、その後2回目、3回目は、細かいことにも気がつき、精密になっていきます。そもそも何を書きたいのかは、1回目で書き終わらないとわかりません。

　12サイン体験も、1回転目は、そもそも12サインは何をいいたいのかということがわからず、1回転目が終了した段階で実体がどんなものかわかるでしょう。

　試しにサワリとして2回転目の12サインについて書いてみましょう。

乙女座	天秤座	蠍座	射手座	山羊座	水瓶座	魚座
6 恋人	7 戦車	8 正義	9 隠者	10 運命の輪	11 力	12 吊られた男
乙女座	天秤座	蠍座	射手座	山羊座	水瓶座	魚座
18 月	19 太陽	20 審判	21 世界			

29 2回転目の12サイン〜牡羊座

　そもそもキリストは十二使徒との関係では、13人目なのか、それとも、13人目はユダなのかということに、私は興味を持っていました。キリストとユダは共謀しており、閉鎖された12の輪の世界から抜け出す道を提供していると考えていました。あるいは2回転目に。

　「13死神」は本能センターの偏向を修正することでカルマ粛清をし、新しい基準を天上から地上にもたらします。種を植えるには地上を耕す。この聖なる侵入は、新しい世界で牡羊座がスタートすることに対応します。

　牡羊座は自我感覚であり、自分をむやみに環境に押し込むことですが、「13死神」の強制的な力を発揮することが大切です。そもそもそこにいなかった世界に、新しく自分を押し込むというのは、かなり無理な話であり、だから人に納得させるような理由などありません。人に納得させる理由を考えるというのは、そもそもその人を旧世界にとどめさせるものです。たくさんの人と同化する、仲間であるという意味なのですから。

1回転目　「1魔術師」　　　　2回転目　「13死神」

アナザーワールドに行くとは、これまでの世界の価値観、気持ち、心情、道徳、習慣から離脱することです。まさに「13死神」のカードなのです。決して否定されないものとは、純粋な宇宙法則、ロゴスなどですが、これを残しているから「13死神」の身体には骨があり、肉がないのです。

この浄化、粛清、新しい世界への参入の意志のビジョンは、すべて12番目の魚座の段階、「12吊られた男」の吊られた状態の中で夢見られたものです。

1回転目の12サインの総括の段階で、これがおかしい、これが良いなど、いろいろ反省したり計画を立てたり、夢想したりして、そのエッセンスが魚座で精製されます。

誰でも仕事もしないでじっとしていたりすると、過去の思い出、傷などがどんどん浮上してきます。忙しく働くとは、それらを思い出さないための気晴らしではないかといえます。1回転目の魚座の段階で空中に吊られて、心の中にある一切合切を引き出し、蒸留し熟成して、こうありたいというビジョンが作られるのです。

「12吊られた男」は、例えば職を失ってニートになったり、怪我をして歩けなくなったり、車椅子生活をしたり、島に閉じ込められたりするなどで似たことを体験するでしょう。暇でないとビジョンは育成されません。「13死神」の牡羊座はそれを実行していくのです。

ハーモニック13の図だとわかりやすいのですが、通常のホロスコープで、牡羊座に天体を持つ人は、十分に地上体験をして、そこで本気で退屈した結果、この13牡羊座の天体として発揮する可能性はあります。そもそも、牡羊座は世俗体験をまだあまりしていない段階での幼児的なものであり、カルマに染まっていない要素もあるのです。カルマの書き換えは、今までの習慣を続けず、新しい実験的試みをすることで、自動的に本能

センターがリライトされるというメリットもあります。ただし、十分にリライトされるには繰り返しが必要です。ヘリオセントリックの牡羊座の惑星は、カルマ成分はあまりありません。これは降下する方向です。

　十二進法的分類では、「1魔術師」のカードと「13死神」は重なります。「1魔術師」は同時に「13死神」なのです。新しい世界に入り込むことは同時に古い習慣を浄化することであり、何をしても一つずつ書き換えているのだというのは新鮮な刺激があるでしょう。

　また、牡羊座の自我感覚の強硬な押しが要求されているということからすると、一つずつの行為に古い成分の強い抵抗が感じられ、それを押しやることに、手応えと喜びもあります。正しいと思われているものに対して、反対の意志を押し出し、古いものを壊していくという死神的魔術師の行為は、なかなかの醍醐味をもたらします。

　意識は常に射出の対象を求めています。ですから、手応えがないよりは抵抗されているとわかった方が励みになります。

　個人的な話ですが、私には牡羊座に三つの惑星があります。惑星は惑星意識、すなわち物質界、フェイズ4のレベルの意識なので、そこに超常的な力など何一つありません。しかし新しい意志がそれを乗り物にしようとした時には、牡羊座の惑星は十分に無謀なチャレンジ力を発揮するでしょう。

　どこかの本で、これから移動するべきアナザーワールドのことを、私は金星的地球と書きました。水気が少なく炎に包まれたものが土の枠の中にあるのです。ここではやはり惑星は存在します。しかし、これまでの地球範囲で捉える他惑星ではないので、惑星の力はかなり違ってくることは事実です。

　改めて牡羊座の天体の意味について刷新して、その力を磨いていくとよいのではないでしょうか。切り込み、侵入、参加、押し出し、しかも

納得できるような理由もなく、根拠なく押し出していく力です。根拠をはっきりさせれば押し出せるというのはある意味、卑屈な姿勢で、真の力は根拠を説明できないのに強引に押し出し、理由は後で理解するのです。牡羊座の天体をそこまで無謀にしていくのはとてもよいことで、これが本当の意味での牡羊座です。

30　2回転目の12サイン〜牡牛座

「14節制」のカードは、地上を「13死神」が断捨離した後、新しく天の意に沿ったものを下界に生み出すことを示しています。

14は九進法では1と4を足すことで5の数字の意味が成り立ち、5の数字は子供を産み出すことです。ジンメルは、この14を自己生殖の数字といいましたが、自分の腹の中に陽神のように子供を生むのです。それは偶数の数字だからで、偶数は常に内向きです。管楽器が奇数性質なら、弦楽器は偶数性質で、黄金率の響きを内部に孕みます。

「2女教皇」あるいは牡牛座では、肉体に埋め込まれた書物の記述のどれかに同一化することでアカシックレコードを動画再生する、すなわち動く人生を作り出すことになりました。これは既存のデータの中に自分を添わせることです。そもそも地上的なアカシックレコードのデータの中に入り込み、その鋳型を生きることは何度か説明した本能センターの

1回転目　「2女教皇」　　　　2回転目　「14節制」

慣性、癖、カルマなどにも染まりやすいでしょう。生まれた時に既にカルマを受け取ってしまうということです。地上的な記録には真の意味でのロゴスの正確な反映というものはないのです。

「13死神」では過去の習慣、慣性によって作り出されたカルマ的な流れを断ち切ることをしてきました。となると、これは「2女教皇」の書物を燃やしたことに等しいのです。

1回転目の牡牛座は、身体の中に埋め込まれた資質、先祖の遺産を掘り起こして生かすことでした。しかし2回転目は、この身体に結びつく資質の否定です。なぜ、そんなことをするのかというのは、より上位の書物を持ち込みたいからです。

より純粋なロゴスに基づく書物、記述に従うには、一度「13死神」で、アレキサンドリアの図書館が燃えたように、既存データを根絶やしにするとよいと考えたのでしょう。地上の生活は、二極性が統合化された性センターの上に乗るアストラル体の個性のリファレンスに基づいたリズム、ルールをかたちにするのがよいという点で、「14節制」とは、このアストラル体が、「13死神」によって粛清された地上に降りてきて、孵化することを示しています。

アストラル体のリファレンス、つまりアストラル体の書物を持って、牡牛座、「14節制」は、それを改めて実人生という動画にコンバートしようとしています。ただ「12吊られた男」から「14節制」の段階では、まだ恒星につながっていないので、広い範囲で通用するアストラル体を獲得しておらず、何となく自信なげな「12吊られた男」の段階で夢見られたアストラル結晶です。だから「13死神」では強硬な姿勢を押し出すことができても、「14節制」ではおとなしめです。これらはみな正しかったとわかるのは、ずっと後の話なのです。

実際の牡牛座の天体は、自分の中にある資質を発掘し活かすことです

が、この基準が地球の記録の中にあるアカシックレコードでなく、それよりもずっと上位にあるアストラル体から引き出すという違いがあります。恒星基準はないが、太陽系基準はある。よりハイレベルな牡牛座になり、またより高度なサビアンシンボルを読むという意味でもありますが、サビアンシンボルが地上的な記録とみなされた時には、まずはいったん焚書(ふんしょ)になり、その上で改めて記憶を引き出すことが重要です。自分の中に自分の子供を産むことなので外部の意見を一切聞き入れる必要などありません。誰が何をいっても「うちのことなので」といえばよいのです。

　上位のアカシックレコードを、下位の領域に書き込みをするというのは、全部書き写すことではなく、自分に関係したことのみを書くことになります。「14節制」のカードは生命の樹では、ティファレトとイエソドの間のパスで、この位置はアストラル・エーテルといわれています。つまりアストラル界の記録が、エーテル界に転写されることを表しています。

　他の記述が必要ならば、またそれをアクセスすればよいだけです。未知の中を探索しても必要なものは手に入るでしょう。単に上位の記述を引き下ろしただけなのに、それは創造に見えてきます。

　私達は自分が知らないものをどこからか引き出してきた時に、それは創造的なことをしたのだと思い込みますが、宇宙のあらゆるものは既存のものであり、新しく作られるものは存在しません。そのため、この牡牛座の場所でも、知らない古いものが引き出されたということなのです。上位の領域から引き出すのはまるで無から有が生まれたかのようです。

　1回転目の牡牛座ならば、繰り返しの行為の中で、資質を引き出すことができるし、それは習うより慣れろというものですが、2回転目の牡牛座は、身体の中にも物質の中にもないものを夢見るようにして引き出

してきます。つまりその方法について具体的に誰も知らないし、教えることもできないのです。だからこそ、この牡牛座の探索はとても楽しいものだといえます。

　生み出す行為の中で思い出す。あるいはまた下に何か作ることで、上にあるものが降りてくるということです。1回転の牡牛座では家系とか先祖のこととか手がかりになりますが、2回転目の牡牛座ではそうした記憶も記録も妨害以外の何ものでもなく、地上で引き継ぐものや伝統、歴史などを考えてはなりません。古いものはみな2回転目の牡羊座の「13 死神」の力で除去されています。

　記録を引き出すという点では、ジオセントリックよりもヘリオセントリックの方がよりふさわしいかもしれません。それは太陽記憶に属するものを引き下ろすことだからです。

31　2回転目の12サイン～双子座

　この項目を書こうとした日の夢ですが、私はある部屋にいて、そこに置かれた大きなテレビを見ていました。おそらく、私の予想ではテレビから怪物が出てきます。怪物が出てきたら噛みつこうと思って待っていたのですが、それを察知したのか出てきた怪物は神妙でした。軍服を来て、もう1匹、小さな怪物の2匹で登場しました。

　最近の私の夢では、物質界は土の元素として、四角形の枠で表示するようで、ここではテレビの枠がそれを表していました。エーテル体は局在から非局在に拡大していくものですから、物質界からすると形が崩れ、怪物化し、やがては爆発していくものです。

　この爆発は植物の枝葉があちこちに伸びていく光景です。物質界が表にあり、この中におとなしくエーテル体が表現されていくのが地球の生活ですが、枠からはみ出したエーテル体がそれ自身で独立性を持ち、そこでずっと生命を維持できるならば、物質枠からはみ出しても問題はありません。つまりは、それが仙人になったり応身になったりするという意味なのですが、それでも物質体からすると四角形の枠から巨大化してはみ出すのです。

　12サインの2回転目は「13死神」からスタートするので、2回転目のすべてに死神のトーンがつらぬかれていますが、そもそも十二進法というのは12の数字をベースにするので、これは「12吊られた男」の世界観だといえます。身体が仮死状態とか動けないというのは、身体が横たわったまま動かないで眠っている時に似ています。つまり十二進法による分類とは、夢見の世界だと考えてもよいのでないでしょうか。

私は、2回転目はアナザーワールド、あるいはドリームタイムと名づけてもよいのではないかと思います。

　このドリームタイムにおいて、双子座は「15悪魔」のカードに照応します。「15悪魔」は身体からはみ出すエーテル体であちこちにバイロケーションします。これは物質体としての肉体からすると、外にはみ出す怪物化でもあり、果てしない侵略者です。テレビ画面から飛び出して貞子のように外を徘徊するのです。

　「3女帝」は思いつくままにさまざまなことを生産、創造しますが、生命の樹ではビナーとコクマーのパスであり、腹の中にある種が膨らんで、ビナーという母体の腹を突き破ります。ただしビナーの示す陰の力が、コクマーを示す陽の力よりも優勢ならば、陽の力は陰の力の締めつけの中で閉塞します。腹が破裂して、外に子供が出てくるのは、「15悪魔」のカードのエーテル体の筒が、身体から外に飛び出すのと似ているのです。そしてさまざまな外界、さまざまな世界に手を伸ばし、バラエティと豊かさが生まれてきます。

1回転目　「3女帝」

2回転目　「15悪魔」

1回転目は狭い物質世界の中で、精神とか知性が応用的に多彩に展開するという双子座そのものの性質を発揮していましたが、2回転目では物質の枠を突き破っていき、物質からすると破壊者、怪物ですが、エーテル体そのものの視点からすると、のびのびと応用的に広がっていくということを表します。

　私は数年前から、さまざま恒星に旅する恒星探索講座をしていました。恒星はたくさんあり、地球に縁のある恒星だけでも数十個あります。この中でそれぞれの人にとって真に重要なものとは自分の故郷を見つけ出すことですが、その前にさわりとして、たくさんの恒星に出向いてみるのです。「15悪魔」はそうやって、自分の一部をあちこちの宇宙に飛び出させ、しかし決して本体としての自分は丸ごと移動しないので、それはつまみ食いのようなものでもあるのです。

　安全を確保した上で宇宙探索をするというのは、その体験そのものにリアリティが薄まり、ただのマインドの遊びのようにはなってしまいますが、この双子座の段階では、1度に「ガラス底ボート」というサビアンシンボルがあるように、ガラスによって自分は守られ、好奇心だけが海の底を覗くのです。双子座では多彩さが必要であり、しかも20度の「カフェテリア」というサビアンシンボルから推理すると、この多彩さには偏りがあってはならない。そこで恒星リストを提示して、このすべてに均等に旅してほしいと要求しました。

　もし、このパックツアーで、自分にとって真に重要な恒星を見つけ出してしまうと、二度と戻りたくないという心理が働き、セミナーとかセッションは深刻な事態になる場合もあるかもしれません。本当に重要な恒星を見つけ出したら、もう戻らなくてもよいと思うのも悪くはありませんが、しかし双子座段階では、つまみ食い、味見段階なので、引き戻すことになります。

夢の中で、テレビから出てくる怪物を待ち伏せしていたのは、それを成敗したいからでもなく、もしその怪物がエーテル体としての自立性、結晶化ができているのならば、テレビの枠から解き放つのが正しい姿勢であるし、まだその準備ができていないのならば、もう一度テレビの中に押し込もうと考えたのかもしれません。地上生活において、四つの元素である土、水、火、風を均等に獲得できれば、境域の小守護霊は彼をエーテル体世界に通します。もし一つでも不足があったら、勉強し直しだといって、物質世界、地球世界に、つまりは輪廻（りんね）に連れ戻します。つまりこの夢では、私が境域の小守護霊になってしまったというわけです。

　しかし、双子座段階では、丸ごと飛び出すのでなく、手とか足など一部がどこかの宇宙に飛んでいくのは許すのです。ちなみに怪物が出てきたら、嚙みつこうと思っていたことですが、嚙みつくとはつまりは食べることで、怪物が出てきたらそれを食べようとしていたのです。

　怪物は軍服を着ていましたが、これは私が前日の夕方にIS（イスラム国）の狙撃手のことを報道したニュース番組を見ていたからです。テレビから飛び出した軍人は私を見て怯えて逃げ出したのかもしれません。となると、まだ本当のルーツに到達しておらず、故郷のない放浪者です。双子座は「逃げ続ける子供」を象徴しています。

32　２回転目の12サイン〜蟹座

　手前の双子座で、あちこちの星雲界、恒星を旅していくうちに、自分にとって真の故郷である恒星を見つけ出します。彼、あるいは彼女は自分のホームに戻ったのです。自分の故郷を見つけ出すと、その後のすべてはそれを基礎にして形成されていきます。
　１回転目の蟹座では、私達は地球上においての故郷とか親しむ場所、ファミリーなどを発見しますが、２回転目では、これは恒星のホームに到達することを示しています。
　タロットカードの「16塔あるいは神の家」は、大砲のような筒から自分を宇宙に発射して、目的となる恒星に到達することを意味する絵柄で、古来より神殿とか、日本でならば神社などがその役割を果たしていました。自分に関係のある系列の神社などで祈祷を受けても、そこで目的の恒星に飛び出すことも多いでしょう。神様の柱は筒であり、トンネルです。その中をぐるぐる回りながら飛び出します。
　数日前に、神社の作り方の夢を見ました。
　私は神社を作るつもりはないのに大きなお世話だと思いましたが、前日の夕方に見たテレビのニュースに関連して、廃寺を買い取るのはどうかなと一瞬思ってしまったことが糸を引いています。夢の中では、神社はその土地の個性とか性質を生かすような作り方をするのは間違っているという説明でした。
　ヨーロッパならば、建物はその土地の精霊であるゲニウス・ロキに合わせて作ります。しかし、そもそも恒星に行くと、地上との接点はなくなり、エーテル界にしか降りることができないのは、「17星」のカードな

どで説明しています。

　神社が真の意味で神の家ならば、恒星に飛び出すことが可能で、そして土地の個性とは結びつかなくなるのです。土地に結びつくと、恒星に行くという役割が果たせません。「16塔あるいは神の家」のカードではなく、大地に縛られた「7戦車」になってしまいます。ですから、地上から少し浮いたエーテル網の上に神社を立てる必要があるのです。

　シュタイナーのいう、地球のもともとの姿である正四面体が描くラインは火山地帯であり、それは大地の上の生活を不穏にしていくラインです。こうした「力の場」の上で神社を建てるのが正しいといえます。古来からそうされているように、神社を建てるのは夢のお告げによるものでないとならないのです。

　私はQHHTセッションで、火山のマグマの上にいて、ここは落ち着くと感じていました。自分の家はマグマの上にあると一番安心感がある。正四面体のライン、その分岐の線の上に神社を作るのがよいので、これは正しい神社の場所です。

　2回転目の蟹座で故郷の恒星を発見した時、それとの接し方は三段階を経ていきます。発見する、包まれる、成り切るというもので、発見す

1回転目 「4皇帝」　　　　2回転目 「16塔あるいは神の家」

るというのは感受することなので、それは高次感情センターH12で恒星を受け止めていることです。その後、包まれていき、最後には恒星に成り切ります。その時には高次思考センターであるH6の意識が獲得できるというわけです。

恒星、すなわち太陽を七つ集めると全太陽意識として、その中心にH1とH3の複合体としてのグレートセントラルサンを見つけ出すことができますが、それは生命体としてはあまり適切でないものとなるので、自分の源流をメンタル体、すなわち恒星に置くのがよいでしょう。

蟹座に照応するタロットカードは最初は「4皇帝」であり、これは領地を広げていくことを表します。蟹座は集団意識ですから、弱肉強食の原理が成り立ち、どんどん増殖します。

私のエーテル体を暗示する天王星は、蟹座の15度の「食べ過ぎの人々」なので、だからテレビから出てくる怪物に噛みつき食べようと待ち構えていたのかもしれませんが、この天王星が蟹座15度という意味も、2回転目の蟹座で解釈した方が自然です。

蟹座は12感覚では聴覚であり、聴覚は唯一身体から離れた感覚です。それは果てしなく拡大していきます。物質的なサウンドを超えたサウンドは法則的波動であり、共鳴するものを結びつけます。

私はしばらく前に、夢の中で人間とは歌であるというのを見たのですが、人間は七つのチャクラがあり、これは音律のようなものです。ある人は、例えば五度の音を人よりも多く繰り返すかもしれません。するとその人は五度の音調の強調された明るい人になり、その人は跳躍的な明るい歌なのです。

その夢では、一つの歌が歌われると、それに共鳴する歌が次々と歌い始め、それらは連鎖して果てしなく続くというものでした。これは蟹座そのものを意味しているように見えます。特定の恒星には、それに共鳴

する恒星があり、これらは恒星ネットワークを作り出し、これが全太陽クラスターを作り出すのですが、天文学的な位置としては、それらは一つも接近していないし、共通面が何一つなかったりすることもあるので、天文学的な見方でこのクラスターを推理できません。

　四次元以上の世界では空間的因果律は通用せず、すべて波動と型共鳴で考えます。天文学的地図で、この共鳴する恒星チームを天体位置では推理できないのならば、夢見とかヘミシンクなどでそれを推理するしかありません。

　ドラコニック・トランスヴァースのチームに、ある時期からアルシオンが参加することになったという話がありました。西欧的な思想ではドラゴンに対する偏見があるので、それに対して人間型の始祖のようなアルシオンが参加するというのは道義的に許せないと考えました。

　人間が龍に従うことに抵抗感があるようですが、そもそも私が見る龍は、筒、トンネル、渦、螺旋の形態であり、人間型のように不自然にでこぼこした体型ではないし、そもそも知的・情操的にはドラコニックの方がはるかに高度なのです。これを龍という形態にしていくのは物質界の地球的カルマの付着で、明らかに歪曲であると同時に、人間の形に対する固着は「神は自分に似せて人を作った」という言葉にこだわっているからかもしれませんが、神は人間の形などしていないし、どこも似ていません。単純に神とは完全なる球体、そして突き詰めると点です。

　2回転目の蟹座は、ホームとしての恒星の力が宇宙に果てしなく波動を広げていき、それに共鳴する種族、星雲、恒星、惑星などが型共鳴として連なることを表します。シリウスと金星の共鳴は、金星の中にシリウスと共鳴する要素があり、この型共鳴を通じて、シリウス人は金星にやってきて、次にさらに型共鳴する小さな箱としてエジプトにやってきたのです。

33　2回転目の12サイン～獅子座

　「17星」のカードは、「16塔あるいは神の家」のカードで宇宙に飛び出し、恒星に到達した後で、また地球に戻ってくるシーンを描いています。しかし、もう大地に届くことはなく、地球の地表よりも少し上の雲の上、池の上のスノコに立つことになります。あるいは、地球を取り巻く月の軌道にある人工的な月、宇宙ステーションに居座ることになります。

　恒星の影響を下位の領域に持ち込むことは、カードの絵柄としては、背後に星があり、器に入った液体を池に流すというかたちで描かれています。星の力をエーテル体に流し込むということなのです。

　獅子座は熱感覚を表し、熱源は恒星にあります。これを周囲に放射するというのが獅子座の性質ですが、未発達の獅子座においては支配星としての太陽が、この熱源ですが、占星術で活用される太陽は地球の変わり身であるし、二極化されていますから、永遠の熱源という定義からはほど遠い印象です。発達した獅子座は、熱源を恒星に準拠することになります。

　それは太陽系の太陽というよりも、「17星」のカードから考えると、太陽系の外の恒星です。サビアンシンボルなどでは、7度に「空の星座」というものがあり、8度でこの影響を地上に持ち込み、地上において破壊者、アナーキストなどになったりします。

　獅子座は周囲に熱を放射するのですが、しかし何に向けてというのがありません。なぜなら外界の細かいことに対しては無関心であり、自分から放射するということにのみ興味があるからです。「17星」のカードの女性は、池に液体を流していますが、この池とは蟹座のシンボルでも

あり、集団意識とみなすとよいでしょう。つまり誰かに対してではなく、集団に対して恒星の影響を流し込むのです。

彼女は裸ですから、洋服が意味するところのペルソナ、職業などについては構っておらず、外向けのスタイルがありません。むき出しのまま、影響を外界に放射するのです。もし洋服があれば、むしろ放射することに制限がかかり、あまり公平なものともならないでしょう。

夜空にはたくさんの恒星があり、これらはそれぞれ異なるロゴスを持っています。私にはプラネタリウムは、たくさんの文字が散りばめられた球体に見えていますが、つまり恒星の一つは一つの文字なのです。

蟹座は、その人の故郷に回帰することを意味していました。その後、獅子座は蟹座の家庭から家出するようなサインですから、故郷から地球に出て行って、そこで故郷の性質、文字を、応用的に表現していくことになるのです。しかし星のカードの女性はもう大地に降りることはできないので、個人としてではなく、雲の上から、地球のエーテル領域に働きかけ、つまり集団に働きかけます。

例えば、芸術表現とか、演劇的なものとか、自由な展開をするとよいのではないでしょうか。ここでは個人はもう存在しないということをはっ

1回転目 「5法皇」

2回転目 「17星」

きりと明記しなくてはなりません。

　1回転目の獅子座は「5法皇」と結びついていました。下には枢機卿、信者、ファンなどがいて、それに対して教祖的に振る舞うことになっていたのですが、ここでは熱源としての源流に対してはそれほど意識的でなく、漠然と父なる神とかアラーとかの呼び名になっていました。しかし、2回転目の獅子座である「17星」のカードでは、元の源流の恒星ははっきりしています。そもそも彼女はその故郷にいったん戻ったのですから、漠然としているはずはありません。

　私個人の話ですが、バーナデッド・ブレイディのパランでは、今の年齢、つまり定年退職後の時期は日没パランで考えます。すると太陽にはムルジムがリンクしており、これは吠え続ける犬ですから、最近は特に休みなく本を書いており、書いていない時期はほとんどないくらいです。1日くらい休むと、もう次の本を書き始めます。恒星の熱源は永遠性があり、それは尽きることがない。その点では、ずっと何か言いたい、伝えたい、吠えたいということが肉体が滅びるまでは続くのです。

　たいていの場合、本を書く人は、その情報とか活力の源流も必要で、それがない場合にはたいてい一冊書くくらいで終わってしまいます。

　十二進法のタロットは、12の数字の意味が基調となり、「12吊られた男」がベースとなりますが、彼は大地に接触していませんから、つまりは地上の情報を取り込みません。このカードの絵柄のように身体はじっとしたまま、頭が働くというのは、寝ている最中に夢見することです。そしてまた2回転目のスタートである「13死神」は地上に停滞・停止をもたらすので、物質界において生産的なことはしない、仕事もしない、カルマを作らないということになりますから、つまりは何もしないまま、夢見を続けるというのが大切です。

　本を読んだりして情報を取り入れることはなく、ほとんどの情報は夢

見から、宇宙からということになるのです。

　この項目を書いている今日見た夢では、スクワットをしていました。その前には大きなスクリーンで大勢の人が映画を見ていて、私は一番前の席にいました。スクワットをしていると後ろから男性が声をかけてきて、「もうスクワットは終わった方がいいのでは」といいました。目を開いてみると、大勢の人は休憩しており、昼ご飯なのか大食堂で食事をしていました。私は食べることに対しての抵抗感というのもあり、食事はしませんでした。

　夢はエーテル体の体験ですから、この中でスクワットしているのは、身体的な運動でなく、気のエネルギーが上下していることに等しいともいえます。腰から頭に上下にエネルギーが動いています。

　ずっと前に、夢の中で私は映画のようなものを見ていた時、途中から目が覚めましたが、それでも額の前にあるスクリーン中の映像は続いており、映像を消そうとして立ち上がってもまだ映像は続いていました。この時、腰からエネルギーが「ゴーッ」という音を立てて上昇しており、このエネルギーを消費して、額の前のスクリーンに動画が写っているのだと理解しました。全く省エネから程遠いものです。その時に人体の秘密を垣間見た気がします。

　今日の夢の前の日の、テレビ画面から怪物が出てくるという夢でも、テレビを止める時に、アンプの電源を切ることを忘れてはならないと思っていました。このアンプは相当の大出力で、電源を切り忘れると発熱が大きいままなので危険です。実際に、目覚めた世界で私が使っているアンプはＡ級といわれるもので発熱が大きいのです。

　この夢も、映像を映し出すのに、大きなパワーを消費しているということが意識されています。スクワットすることで、腰から頭に上がるエネルギーは図太くなると思います。それは大勢が見るビジョンを提供す

る。たくさんの人に伝えられるメッセージは、強力なパワーを要求するのです。そして多くの人が休憩している時にも、私はまるで修行者のようにスクワットを続けています。

　腰から上がってくるエネルギーというのはクンダリニを連想させます。最近、図形などを提示しないで、テーマがないまま眠る時には、腰からエネルギーが上昇してくることを想像して眠ったりします。すると身体の周囲に、ロバート・モンローがいう３Ｄダークネスの感触、私がよく見る茶色の壁あるいは膜が覆ってくるのがわかります。

　腰から上がってくる力を想像した時に、それは身体の芯に上がってくるというよりも身体の周囲に膜を作り出していくようです。それが土壁になった時、眠り込みます。この土壁はエーテル体の膜であり、映像を映し出すキャンバスですから、映画のスクリーンともいえます。細かい模様とか記号、文字が写っていることも多いのです。

　「17星」のカードの女性は恒星の源流に従って、川に影響を流し込み、つまりは集団に物語、映画、何かのビジョンを提供しています。十二進法で獅子座表現とカードを結びつけると、多くの人に披露するということが重要なことにも見えてきます。

　確かに今日の夢では、私は映画をより多くの人が見ることができるようにスクワットをしていたのではないでしょうか。

34　2回転目の12サイン〜乙女座

　獅子座の項目で説明していた映像化、またそのためのエネルギーを腰から引き出すために図太い回路を作るためにスクワットをしているというのは、獅子座に限らず、むしろこの乙女座の項目にも関係していると思われます。
　ですが、クンダリニは「20審判」のカードのテーマでもあります。
　乙女座は視覚を表します。そして、この本を書く前に、私は『トランスサタニアン占星術』を書き、ここでは乙女座の視覚には影があり、この影の中に上昇の梯子が隠されていることを強調しました。
　見ているものも重要だし、見ていないものもさらに重要なのです。
　もし、この影の領域を意識することがないなら、乙女座は永遠に物質に閉じ込められ、どこにも出口はありません。乙女座は身体では腸に関係します。腸の領域では取り込むべき成分と、排泄するべき成分を選りわけます。この排他制御は乙女座特有の性質です。
　乙女座の選り分け機能は選ぶべき映像を決めます。額で映像を見るというのは、実は、見ることに重点を置くよりも、たくさんのものから特定の映像を抽出し、それ以外を注意力から追い出してしまうということにポイントがあります。見る能力を鍛えるには、見ないものを選んで次々と埒外に排出することが重要なのです。すると乙女座は自動的に選んだものを映像化、視覚化します。
　「18月」のカードは、脳の三層、すなわち新皮質、旧皮質、古皮質を描いています。これは身体の頭、胸、腰にも対応します。腰からザリガニが上がってきますが、それは古い昔に忘れられたものであり、「17星」の

カードが恒星の影響を川に流し込むことで、川の中から浮かび上がってくるものです。夢の中でスクワットをすることで、腰の力が強まり、腰からエネルギーが上昇してくるのですが、これはザリガニを引っ張り出すことに等しく、この力を通じて、映画が上演されます。

　私達の人間の脳は新皮質が主役ですが、これは旧皮質や古皮質という大脳辺縁系の情報をいつもは遮断して、それを見えなくさせています。しかし眠って夢を見ている時には筒抜けになり、ザリガニは加速して上がってきます。

　いつもは脳の新皮質が遮断しているということは、旧皮質や古皮質の情報は乙女座視覚の見えているものの、背後あるいは周辺にある見えていない領域にあることになります。新皮質はあるものを選び、あるものを排除していますが、この比率が変わってしまう時に、それまで意識の中になかったものが浮上してくるので、これは折り畳まれた空間から染み出してくるように、これまで知らなかった記憶、映像、知識などが這い出してくるのです。

　地球人類はある時代から太陽系外の星の影響を知らないふりをしてき

1回転目 「6恋人」

2回転目 「18月」

ました。太陽信仰とは、太陽の光がその背後の星の光をすべて消し去るという意味です。しかし「17星」のカードによって恒星の故郷から戻ってきた人は、この記憶を太陽の光の外から引き出します。視覚は思考の反映なので、新しい思考が生まれると、それを物質的に視覚化します。私達が見えないと思っていたものは、私達の思考が排除していただけで、それを思い出すとそれは視覚化されるのです。この腰に対応する脳の古層の情報を引き出すことは、屋根裏部屋で女性が鯨を切り刻んでいた夢にも関連するでしょう。装置の調整であり、物質界とは視覚の中で見えた領域のことなのです。

　2回転目の乙女座は、今まで見なかったものの背後にあるものを引き出して視覚化するということです。それは漠然と無意識のものを見るという意味ではなく、あくまで乙女座の排他制御は働きますから、これまで太陽の光が隠してきた恒星の影響を持ち込むことで引き出された太古の記憶を鮮やかに浮かび上がらせます。かつて太陽系は外の宇宙と行き来していた。むしろこの恒星とのつながりを持つ存在が地上を歩いていたので、それが通路となっていた。それは腰の中に埋もれた記憶。それをスクワット、クンダリニで引き出すことで明確な映像化が起こるのです。

　それに乙女座は6ハウスに似て、修行や訓練に関係しますから、みんなが休憩している時にも一人でスクワットをしていたというのは、いかにも乙女座的です。2回転目の乙女座の修行は、エーテル体のスクワットをして、腰にあるものを引き上げ、映像回路として写し出すこと、もっとエーテル体のエネルギーを鍛えて図太くし、集団的な夢見映像を提供していくということなどです。

　グルジェフの人体工場図では、腰に性センターがあります。多くのケースで、思考や感情がこの性センターの力を盗み出し、すると熱狂的な思

想、熱狂的な感情の集中が発生し、集団ヒステリー現象などを引き起こします。グルジェフがクンダリニを否定するのは、この性センターの力を曲がったかたちで使う例があまりにも多いからです。

「情熱」という言葉の大半は、この性センターのパワーの誤用で生じます。性センターの立ち位置は腰の中心であり、これを確立するのに、動作・本能センターの歪みを修正して、中心点を正しく見つけ出すことが重要だと書きました。性センターはアストラル体の受け皿になるべきなのです。この正常な働き方をする性センターは、恒星の鋳型、アストラル体の受け皿として、正しいエネルギーをまっすぐに上げてくるといえばよいでしょう。

「17星」のカードの後、「18月」のカードで、ザリガニが腰から上がってくるのは、性センターが正しく恒星の受け皿となることで、上位の組織と下位の組織が軸合わせをして、まっすぐに力が上がってくるからです。脳の新皮質が持つ信念体系によって捩じ曲げられたり、遮蔽されたりしていないのです。

恒星に合わせて作られたアストラル体の個性に基づき、性センターから、排他制御的にエネルギーが上がってきて、雑多な模様のうち、使わないものを取り除くと、自動的にくっきりした秩序ある映像が映ります。つけ加えるのでなく、減らすことで映像化能力が発揮されます。

私はQHHTセッションで四つの世界を重ねて見るので、「それは悪い癖なのではないか」とサブコンシャスがいっていました。乙女座ならば一つを選ぶとそれ以外を排除するのでしょうが、マルチ乙女座があってもよいと思います。というのも、一つ選ぶのは行動のためです。身体は一つしかないからです。夢見の体系では、同時に四つあっても問題はないと思われます。

最近になって思ったのは、この四つを重ねるのは、四つのタットワの

交換性を考えているのではないかと思います。プラトンは、四元素は交換可能といいましたが、異なる地球との行き来は、互換性のある部分を扉にして行き来する。また四つのうちどれが中心になっても構わないのかもしれません。

35　2回転目の12サイン〜天秤座

　天秤座は12感覚では触覚を表しています。また天秤座は対人関係とか結婚などにも関係します。身体に閉じ込められた人は外に出たいという気持ちから、人に接触するようになるという意味です。
　外界にあるものに触れて、自分の意識をかつてのように宇宙に広げたい。触覚そのものを宇宙範囲に拡大することはそう大変なことでもない。夜に眠る時に身体感覚は消えていき自分の身体がどこにあるのかわからなくなり、この時にはエーテル体に意識が移ることで、触覚は太陽系の惑星を触るというくらいに広げることはできます。できないとしたら、それは考え方としてできないと信じているからで、つまり、自分は肉体的な形の中に閉じ込められていると思っているからです。しかし私達は思考や感情では肉体に閉じ込められていることはないし、感覚も拡大は可能であり、考え方次第です。
　この原稿を書く日の夢では、子猫を手のひらに載せていて、子猫の手足が手のひらに触っているのですが、触覚ではたくさんの手足があるように感じられ、まるで三葉虫のような印象でした。触覚としてはとても生々しく、触覚に関係した天秤座を書くのだから、改めて触覚のあり方を確認してきたというものでした。
　夢の中では猫が虫になるなど、さまざまに変化します。エーテル体は物質肉体と糸でつながれていますから、物質の印象は借りますが、しかし直接物質体の中にいるわけではないので、物質体の姿を借用しつつ、意図に応じて、いくらでも変形させてしまいます。
　天秤座の支配星は金星です。猫という動物は動物枠の中では金星のカ

テゴリーに入ります。犬は月のカテゴリーに分類されます。

　手足がたくさんある三葉虫のようになってしまったのは、おそらく「18月」のカードのザリガニを思い出させようとしているわけで、脳の古皮質から浮かび上がってきた古い記憶としてのザリガニが成長して、この「19太陽」のカードでは、尻尾を持つ子供にまで成長しますが、そこまで至らない子猫段階にいるのかもしれません。

　この子猫は寝室で私が手に乗せていたもので、寝室ということは眠りに関係したもの、つまり「18月」のカードの夢の探索ということに直結しています。

　夢の中では哺乳動物の犬とか猫がやがて人間に成長することについて話題に上っていました。進化の問題で考えた時、人間と動物は系列が違うので、霊的に動物が人間になることはないと考える人もいます。しかし、私はかつて飼い犬だった存在が、人間に生まれてきて、人間としては一人前ではないが成長のために学習しているということは、かなりありうる話だと思います。その場合、人間として生まれてきてもまだ自立できないので、かつての主人、あるいはこの主人の元型に似た人に寄りかかり、一生その側で暮らせるように努力します。

1回転目　「7戦車」　　　　　2回転目　「19太陽」

そもそも人間の人生というのは、アカシックレコードの中からある記述を引き出して、それを動画再生するようなものですから、犬や猫から人になるなどというスタイルを選んでいくこともあり得ます。つまり、何でもありということです。
　「19太陽」のカードは「18月」のカードの段階で古皮質から引き出したザリガニの記憶が成長して、尻尾を持つもう一人の子供になるのですが、19の数字は10と9のセットであり、肉体を持つ子供が10。尻尾の子供が9で、9は物質的にはならない存在、エーテル体の子供、生命の樹では9番の番号が割り当てられたイエソドである月の子供です。
　古皮質では虫は、旧皮質になると哺乳動物になり、新皮質で人間になります。西欧思想では人間の形が最も進化した優れた存在だと信じられていますが、異端的には、人よりも優れた神性を持つ存在が動物として描かれることがあります。
　日本では、神社の眷属が動物でもあり、西欧とは違って、動物を人以下に割り当てることは少ないので、オオカミ様というように崇拝の対象になることもあります。
　エジプトに関係したシリウス系の存在は、半分が動物半分が人間として描かれることが多く、ケンタウルスも人と馬の混合です。ハトホルの姿はいろいろですが、顔が猫、身体が人の姿として描かれることもあります。そこで「19太陽」のカードの尻尾のあるもう一人の子供もこのような半人半獣であるケースが多いのではないでしょうか。
　そもそも「16塔あるいは神の家」で恒星に飛び、「17星」で戻ってきて、恒星の影響を池に流し、そこで浮上してきたかつて恒星に行き来していた時代のボディを「19太陽」で成長させるのですから、この相棒的な存在がシリウスから戻ってきた後のものならば、顔が猫で身体が人ということもありえます。

違う夢で、見失った子供を保護してくれていたのは、月のステーションに常駐している「工事現場のお兄さん達」ふうのシリウスチームでした。彼らは私がスピカに行く時には、身体が溶けて筒になってくれた人達で、工事現場の作業員ふうに見えるのは、形が決まった生命形態ではなく、しばしば違うものに変化していくからで、つまり、いつも途中の形に止まることに慣れているのです。
　２回転目の天秤座では、対人関係がテーマにもなりやすいので、ここでは恒星との接点を持つエーテル体の身体との交流、会話という「19太陽」のカードの絵柄そのものになりやすいといえます。
　真ん中に池のある公園の夢では、池の周囲の環状の道をサインに当てはめた時、大体、蠍座か天秤座あたりに、この工事のお兄さん達がいました。今回の夢では、かつては虫だったが、今のところ旧皮質まで上がってきた途中段階の子猫が寝室に登場したのです。
　多分、私はこの二人目の子供のいろいろなバリエーションを揃えるのが好みで、虫、動物、半人半獣、さらに筒、機械装置などいろいろ見てみたいと思っています。仙道では、陽神としての二人目の子供はやがて肉体を飲み込みますから、この二人目の子供は自分の未来の姿です。
　達磨大師は９年間の間、この分身とつき合い、彼が世界や宇宙を旅する時に共有体験していました。主体意識は肉体とこの分身に二分されていたのです。達磨大師の９年間は夢の暮らしとあまり変わりません。タロットカードのパスワークとも違いはありません。
　いずれ分身が肉体を飲み込むということならば、この２回転目の天秤座は、対人関係というよりは結婚などに近いかもしれないし、よく使われる言葉として「二人で一人」というものになるかもしれません。刑事ドラマでいうとバディです。
　物質肉体の裏側であるかのように働く低いエーテル体領域では、反対

の性があるといいましたが、これは「19太陽」の二人目の存在にならないでしょう。というのも、プラトンのいう片割れとは、地上という二極化された世界に生まれてくるために分割したものであり、ここには「16塔あるいは神の家」から「17星」、「18月」のカードのプロセスで培ってきた恒星との接点、太古の時代の自分の身体というものにはならないからです。

　統合化された性センターは、恒星との関連で作られたアストラル体の受け皿、ミツエシロですが、自ら直接恒星に行くことはできないのです。影の半身は統合化させた性センターの半分を受け持つので、遠くに飛ぶことなどありません。多くの人が、異性としてのツインを発見することに興味を抱いています。しかしこれは「19太陽」のカードのもう一人の子供にはならないのです。

　私は2019年現在65歳ですが、このくらいの年齢になると人によってですが、世間的な体験を求めることは少なくなってきます。つまり世間的な活動には限界が多すぎて、何をしても退屈でしかないと思うことも増えてきます。

　スポーツ選手は肉体の限界に挑戦して秒の10分の1くらいの記録を競ったりしますが、これは無謀な話です。私達の肉体は誰も同じような形の既製品を手に入れたようなものであり、そこにはそもそも大きな限界や制限があり、わずかな身体能力の差を競うのは妙な話です。

　このように世間に退屈すると、対人関係も減少していきます。そして暇になり、睡眠時間を増やし、夢を見たりしていると、この夢の中で、もう一人の子供とか、また肉体の裏側にいる異性の自分とか、宇宙人とか、拡大した意識体とか、霊魂とか応身との交流が増加し、毎日夢を覚えていますが、夢の内容は毎日多彩で、予想もしないような話が日々展開されていきますから、どちらかというと物質的生活よりもバラエティもあ

り、知的刺激も多くなります。

　達磨大師の面壁九年も、退屈ではなく毎日鮮やかな体験をしていたと思います。

　通常のホロスコープでは、私の場合、天秤座に二つの惑星があり、一つは海王星ですから、この非物質的存在との交流というのは自然かもしれませんが、2回転目のサインはすべてが夢見のベースですから、どんな惑星でも、2回転目では、非物質的、エーテル的、アストラル的な交流を示すものとなります。

　ちなみに、私が「19太陽」のカードのもう一人の半人半獣にいろいろなバリエーションを求めるのは、ヘリオセントリックの海王星が、天秤座の22度の「噴水で鳥に水をやる子供」ということにも関連して、水をぶちまけると、そこにたくさんの小鳥が集まってくるのです。これは21度のたくさんの人々が集まる海を都市の中に持ち込む、いわば小型の海で、海辺の休暇に少し似た気分をサラリーマン達が都市の中の噴水のわきのベンチで味わっています。

　しかし毎日夢を見ていると、私の夢はどうも賑やかすぎるようで、登場人物も多すぎる気がします。そしてこれに熱中すると、物質的な生活においてはますます無気力で何もしない人になっていきます。年寄り、あるいは社会復帰する気がないか、そもそも最初から社会参加するつもりのないニート暮らしの人にはよいでしょう。誰とも会っていないのに、自分は人づき合いが多いという人になります。

36　2回転目の12サイン〜蠍座

　蠍座は生命感覚に関係するサインです。

　蠍座の1度に「満員のバス」というサビアンシンボルがありますが、小さな器に生命感覚を圧縮して詰め込むと、感動的で深い体験をしていくことになるし、圧縮の中で手に入る高められた意識が手に入ります。高められた意識というのは振動が高い意識ということです。

　惑星、全惑星、太陽、全太陽、全宇宙という連鎖は、徐々に振動が高くなることを表していますから、ならば蠍座の高められた意識はこのような高度なところまで到達可能なのかというと、不可能には見えません。ただ、その人に持ちこたえられる限界はありますから、振動を上げすぎるとそれに応じて危険度も高まり、維持できず転落した場合には、まだその人にはふさわしくなかったのだといえます。その人の中層重心に一番適した場所に住むのが、そもそも健全であり維持可能なものだといえます。

　「20審判」のカードは、天使がラッパを吹いて、墓の中から死者が蘇ります。「18月」のカードでは、「17星」によって誘発した古い記憶が這い上がってきますが、17番から19番までのカードに慣れてくると、この繰り返しをいくらでもできるようになるというのが「20審判」のカードです。

　つまり17から19までができると、応用的に、違う恒星の力をアクセスし、それに応じたザリガニを墓から呼び出せるのです。そもそも「17星」のカードでは天空に大きな星一つ、少し小さい星が七つ描かれ、これは全太陽クラスターを表しているので、恒星は七つ旅した方がよいという話

になってきます。現状としてこれはそうとうに無理な話です。というのも七つの恒星に行くというのはそれを統合化する中心点に自分を置く人に等しく、恒星意識の向こうにあるもう一段階上の意識に行かなくてはなりません。

恒星をメンタル体と定義しましたが、するとこの中心点はブディ体といわれているものでＨ３意識です。そこでは生命が結晶化しないので、つまり意識のありかたの形態そのものが固定されていません。

しかしタロットカードのマニュアル通りに厳格に実行するならば、「20審判」のカードで七つの恒星を順次アクセスして、それに応じた死体、ザリガニを蘇生させることになります。つまりこれは、マルチの世界をアクセスすることに等しく、そのため表面的には願望実現ですが、深い意味では宇宙旅行になり、折り畳まれて使っていない空間を、目の前に広げていくことになるのです。

夢の体験ではないのですが、ある時、ダンボールでできたような世界があり、特定の場所をじっと見るとそこだけが輝き始め活性化するというのを見ていたことがあります。目を他の場所に向けると、それまで活

1回転目　「8正義」　　　　2回転目　「20審判」

性化していたものは固まりはじめ動かなくなるのです。

　蠍座は集中力を発揮して、高い生命感覚を凝縮していくことですが、これは特定の場にフォーカスすると、死者が蘇るようにそこが高次意識化していくのです。この場合、生命感覚の集中性を高めるには狭い箱に入れた方がよいので、「20審判」のカードに描かれているように、墓石の四角の枠があった方がよいのです。

　私は一つの世界は立方体で描写されると説明していますが、立方体の箱で区画を作り、この中で死者を蘇生させるということです。荷物をダンボールに入れて保管し、必要なものだけ開封するような印象です。ここで死者とは生命感覚が抜けてしまったもので、それは光を当てるといくらでも再生するし、そもそも「20審判」のカードとは、時間の存在しない世界を描いていますから、過去だろうと未来だろうとランダムアクセスできます。20の数字とは反対に動く10と10の時間をぶつけて対消滅させるという意味であり、偶然や成り行きには一切支配されないということなのです。

　蠍座は8番目のサインであり、「8正義」のカードとともに、八つの点で作られた立方体に関係し、この箱の中に生命感覚の集中を作り出し、掘り下げることなどですが、私は『タロットの神秘と解釈』では、「20審判」のカードとクンダリニを関連づけました。腰に眠った蛇は意識を向けることで活性化し上昇をしていくのです。インドの俗説では、蛇使いが笛を鳴らすと箱の中の蛇が出てきます。

　「20審判」のカードも天使は笛を吹いています。

　話が少し脱線するかもしれませんが、これに関してfacebookに書いた内容を紹介します。

今日は珍しく夢を記憶していなかった。毎日ほぼ確実に２つの段階を記憶しているのだが。そのかわりにというか、少し早めに目覚めると、20審判のカードの状態に入る。私はこのカードをクンダリニなどと説明しているけど、クンダリニは中心のスシュムナ・ナディをあがって来る。でも最近は、自分が天使のラッパになって降りていくと、その周囲を包むように下に畳んであった幕があがって来るような感じ。で、この幕は映像を映し出すスクリーン素材で、そこに鮮明な映像が映るのだが、今日は地面に穴が開いており、その脇に、穴から取り出したらしい古い石版が横たわっている。石版も地面の穴もざらざらしたサメ肌であり、見てると鳥肌が立ちそう。石版は太古の金星の記録らしい。数日前にヴェリコフスキーのことを思い出したのでその関連だろう。地面の穴は20審判のカードに描かれた墓穴に似ているが形は不定形で、蟻の巣の露出のような。石版は見た以上は自動的に数日かけて解凍されるはず。最近はこういうふうに腰から幕が上がって、身体を取り巻くか、あるいは目の前に板として出てくるかというのが多いが、この壁の質感とか素材によって、エリアとか時代を考えてほしいということらしい。以前は似たものが多かったが、最近はこのスクリーンの素材がいろいろ違っている。で、この20審判のカードだが、私はいつも線、筒、トンネルとかは、大小サイズが可変すると言うが、天使のラッパは、この筒であり、主体がこの中に入って下に下りていくのでは。すると、下にあるものは外周を包む幕でもあり、つまり拡大して見える。21世界のカードでは、これが楕円のエナになる。下の墓石は世界すなわち正方形だと説明しているが、いろんな正方形をアクセスして、ラッパの筒で下りる。一つの正方形を相対化するために、これからは二種類をいつも比較してほしいと言われている

> ようだ。以前の夢で、反物屋さんで、どの布がお好み？と聞かれた以後の話かな。

　私がここでいいたいのは、「20審判」のカードでは天使がラッパを吹いていますが、エーテル体のレベルでは主体意識は肉体から離れて、どこの場所にも移動できるということです。そのため天使の位置にじっとしている必要などなく、天使が口につけている筒の中に入り、ここから下の墓石にまで降りていくことが可能です。

　クンダリニは、腰に眠った蛇が目覚め上昇してくるという見方をしていますが、眠った蛇はとぐろを巻いており、目覚めると直立した蛇になりラッパに重なってきます。あるいはラッパは中心的な軸であり、とぐろを巻いている蛇は周縁性として、この軸の周囲を螺旋状態に上昇します。法則としては、この方が正しいような気がします。

　重要なのは、クンダリニは中心を上がってくるわけではなく、これは周縁性として外を取り囲むように上がってくるのです。主体はどこにでも移動可能なので、ラッパの中を通して腰の位置に降りていくと同時に、エーテル体ではものの大小は可変するので、腰に降りた時、これが大きく拡大されて一つの世界になっていくように見えます。

　たとえとしていえば、子宮が大きく拡大された世界に見えてくるのです。そもそもタロットカードの「1魔術師」はこの洞窟に閉じ込められており、私達は地球から脱出するまではずっとこの子宮の中に住んでいます。秋山氏の『Lシフト』では、円盤の一番下のムラダーラ・チャクラに近い場所は、特定の時間と空間にチューニングする装置であると書かれていますが、腰は特定の時間と空間にある世界に同調しており、この中に降りていくと、相対的に立方体の壁、幕、板のようなものがせり

上がってくるように見えるのです。

　そして「20審判」では、いろいろな時間と空間、いろいろな世界を、ラッパを吹いて、あるいはラッパの中に入って移動することを繰り返し、ドクター・フーのように一つの世界だけでなく、いろいろな世界を体験するということがあるのでしょう。

　腰に宇宙地図があるとみなし、このどれかに意識を向けて笛を吹くと、そこが拡大され活性化されると考えてもよいでしょう。「17星」のカードで恒星は七つあり、中心に大恒星が一つで、合計八つであり、これを立方体を作るための八つの角であるとみなしても構いません。惑星の八つは太陽系の中に入り込み、恒星の八つは特定の星系に入るのです。

　慣れてくると、この「20審判」のカードの素朴な技法によっていろいろな宇宙に入り込みたくなるのです。八つの文字のプロトコルを作るのは眠る前にはなかなか手間のかかることであり、一つだけの文字でもよいし、この本に取り上げたように、一つの図形でもよいでしょう。慣れてくると呼吸法も必要なくなります。ただ意識を腰に向けるだけ、そして入り込むコスモスの種類を記号で決めるだけです。

　「20審判」のカードの複数コスモスをアクセスするというのは相当の難易度の高いテーマですが、方法そのものは単純なのです。もちろん、すべては意図や意識の力によってなされるので、どんなによい方法とかメソッドがあっても、それはあまり意味を持ちません。

　特定の世界をアクセスすると、立方体の箱ができるというのは、「8正義」のカードと「20審判」のカードの共通性を指摘するということでは、この十二進法タロットでないと出てこない特殊なものにも見えますが、夢体験としては、このことを考えて書くずっと前に、これを提示していたのかもしれません。

37 2回転目の12サイン～射手座

　タロットカードは、1回転目は「9隠者」であり、予感に基づき、より高度な領域へと旅する人を描いています。これは射手座の性質にとても近く、射手座は火・柔軟サインですから、上昇していく火を表します。火は精神性とか、抽象化などを意味しており、できる限り大地の地から遠ざかろうとします。具体性を除去し、より普遍的な精神へ向かう性質は「9隠者」のカードと同じです。

　「9隠者」は夢遊病のようにさまようといわれていますが、自分ではまだわかっていないものに向かうからです。到着して初めて何を求めていたのかわかるというのは、射手座特有のもので、射手座は運動感覚を表していますが、自分が今の場所から、異なる場所に移動するという時に、自分が動いて到達地点に至るというのは自分中心すぎるセンスです。到達地点が本人を引っ張って、それにつられて移動するという両面で考えなくてはなりません。

1回転目 「9隠者」

2回転目 「21世界」

射手座はとても哲学的ですが、まだわからないことについても、予感だけで、いずれ確実に獲得できるという確信を持つのが、正常な射手座の感覚だといえるでしょう。

　これが2回転目の「21世界」のカードではどう表現されているのか、夢で検索してみることにしました。

　眠る前に、「21世界」のカードを思い浮かべようと思いましたが、カードの具象的な絵を思い浮かべるのはあまり適切でないと思い、真ん中に紺色の楕円、周囲に黄色の正方形、銀色の三日月、赤色の三角形、青色の円というタットワの記号に置き換えました。

　中心には第五元素があり、周囲に月下の四元素という配置は、アリストテレスの時代から頻繁に使われるイメージであり、エソテリックへの門も十字形に四つの入口があるという図形は薔薇十字のエンブレムにもなっています。

　最初の夢は、たくさんの人がいて、一人だけ両性具有者がおり、それ以外に雑多な人達が騒がしくしているという光景です。

　両性具有者は「21世界」のカードの中心にいる人物のことです。物質的な肉体の裏にはエーテル体として異性の姿があると説明しましたが、この影の半身を獲得することで、本来の性センターの中心軸としての役割を取り戻します。この基準を元にして、本能センター、動作センターの位置調整が行われ、地上の穢れのようなカルマ作用が修正されます。癖でなく、アストラル体の個性がリファレンスとなり、何が正しく何が間違っているかなども、ここで初めて判断できるようになります。

　このプロセスは「13死神」の段階で進行する話でしたが、「12吊られた男」の段階では、アストラル体の基準がまだ明確ではなく、自信なげなものでもありましたから、完全なかたちで進行するにはその後のカードの進展を待たねばならなかったのです。

もう一つは「19太陽」のカードで、二人の子供がいて、一人は肉体の子供、もう一人は最初は陽神、そして恒星に飛び故郷を思い出すことで変容していく未来の身体でしたが、この二人の子供が「21世界」のカードで一体化します。一体化というよりは、分身の方が振動密度が高いので、それが肉体的な子供に浸透して、肉体的な子供が消え去っていくという経過を辿ります。影の半身は地球生活においては二極化しなくてはならなかったので、分割したものであり、宇宙的性質はありません。
　一方で、「19太陽」のカードの子供は恒星との結びつきを取り戻し、身体のフォーマットもそれに合わせたので、宇宙的な性質があります。この二つの一体化によって、「21世界」のカードの中心人物は両性具有に「たとえられる」のですが、周囲には雑多な人達がうるさく騒いでいます。
　「21世界」のカードでは、この雑多な、つまり四元素世界に分散された断片的な者達と、両性具有者の間には楕円の輪の境界線が引かれており、両性具有の領域には侵入できないようになっています。ですが夢ではその境界線がありませんでした。しかも両性具有者は中心らしき場所ではなく、どこかそのあたりにいるというような感じです。
　雑多な人々とは、中心点をまだ発見していない人々で、放置しておくと徐々に分解していくべき運命にあります。上位の次元のものを引き下ろす同期軸を持った両性具有者は、この雑多な者達に決して汚染されてはならないし、穢れてはならないという意味で、楕円の輪があるのです。それは境域の小守護霊というものでもあり、外から寄ってくるものに噛みつく怖い存在です。
　ずっと昔に、汚染された場所に天使がいるという夢を見たことがあります。これは日本語の「掃き溜めに鶴」という表現に近いものですが、性センターは身体の低い場所、生殖器に近い場所にあり、このあたりは同時に排泄器官が近くにあります。

性センターはアストラル体の下部器官として、吸収するべき栄養と、排出するべきものを選別する指令をしており、追放するものを決めるという決断も、この性センターにあるのです。雑多なものの中に、両性具有者が紛れているという今日の夢はこれに近いものだと思われます。すべてのものが救われるまでは待つという一部の仏教の姿勢は、人間の身体では実行されていません。自分に吸収できない成分はみな排泄器官から追い出してしまうのです。
　性センターと排泄器官が近いと、純化は排泄と連動していることになります。この項目の内容を訂正するために印刷してボールペンでチェックしている日の朝の夢では、トイレで自分の靴に他人の便がついているのを見ました。水で洗うと、靴は前よりもいっそう白くなりました。
　この雑多な人の集まりの夢を見た後に一度目覚めました。いつものスタイルだと、睡眠を始めて５時間前後で一度目覚めます。それから改めて眠るのですが、この一度目覚める前の夢はだいたいフェイズ２に近く、要約というか簡単に理屈の説明のようなもので終わります。二度寝の夢は映像もくっきりとしており、カラーもあり、これは目覚める時間に近いのでフェイズ３の夢です。
　私はどうやら大きなマンションに住む契約をしたらしく、このマンションに至るまでの複雑なルートを乗り越えてマンションのエレベーターに乗りました。自分が住むことになったのは12階の53号室で、12階に着くと室外にたくさんのテーブルと椅子があり、これは集会に使うにはとても便利だと思いました。その後、フロアに入りましたが、大阪の丸ビルのように湾曲した通路を行くと、大きな酒屋があり、その下には大きなサミットストアがあり、また部屋に向かう途中には外国人が経営する小さな雑誌・新聞屋さんもあります。巨大マンションは何でも備わっており、ここに閉じこもっても問題ないという印象でした。

これは明らかに「21世界」のカードの中心部分です。巨大マンションはクラスターのことでしょう。たいてい宇宙クラスターは蜂の巣のような形態をしていることが多いと思うのですが、この夢のマンションは上に向かって階層化されておりなかなか複雑で、一つの町であると考えてもよいようなものです。

　エレベーターに乗った時、かつて私の講座に来ていたある人物の顔が見えました。入口かあるいは2階くらいまでだと思うのですが、この人物は「私の講座には来ないでくれ」と私がいった人物ですが、それでも数年間、私の主張を全く無視して参加を続けていましたから、侵入者イメージです。

　一度目の夢も、二度目の夢も、楕円の輪という境界線があまり働いていないというのが共通しています。しかし二度目の夢では、侵入者は入口か2階くらいまでしか上がることができず、上層階には来ることができなかったので、二度目の夢は、境界線を作るよりは振動を上げることで振り落とすという対策をしているのかもしれません。

　射手座の9度には、「母親に助けられて幼児が急な階段を登る」というサビアンシンボルがあります。これは射手座の火・柔軟サインらしいもので、形而上的な境地、あるいは上の次元に向かって不慣れな子供が上がることを示しており、自力では上がれないので見えない母親が誘導します。しかし階段はあまりにも急なので、うっかりすると転落します。

　夢の中の巨大マンション型の宇宙クラスターにはたくさんの階層があって、危なっかしい階段を上がるというよりは随分と安定したものです。2017年に『タロットの神秘と解釈』を書いた時、この「21世界」のカードについて、螺旋状に振動密度を上げて、今までと違う世界に住むという意味も説明したと思います。四元素をフラフープのように回転させながらというのは、その後の私の本では、12感覚を巡回させながら振

動を変えていくという説明になりました。

　例えば、達磨大師は面壁九年ですから、9年周期のリリス（遠地点）を使うということも一つの手段です。リリスは天狗族とか出雲族の元型であると説明してもよいのです。それは樹の中程に住み、決して地上には降りてこないのです。

　そもそも、射手座には上昇していくという本性がありますから、「21世界」のカードの中心人物がぐるぐるとフラフープしながら異なる世界にシフトするというのは結びつきやすいものといえます。それではなぜ、二つの夢の両方に、汚染を避けるための楕円の輪がなかったのかというと、この12サイン対応の十二進法的タロットの解釈では、カードが射手座で終わってしまい、次の山羊座に行かないということにも理由があると思われます。

　射手座は運動感覚であり移動します。次の山羊座は均衡感覚であり、これは固定された座標、定義、節目を作り出すもので、運動を停止させます。私達の生活リズムでは常に節目というものがあります。それにものの意味の定義もします。食物を炭水化物、タンパク質、脂質などに分類したりもします。

　これらは山羊座作用であり、射手座までだと、ずっと移動する、運動する、上昇する、向上する、努力するということが続き、節目としての座標決めがないのです。定義によって境界線も作られます。

　例えば、入試では合格と不合格ラインの境界線は曖昧ですが、曖昧なままにしておかず、便宜的に決定します。

　十二進法的タロットカードの分類では「21世界」のカードを締めに使えません。マンションでいえばいつまでも高い階ができていくというものになるでしょう。

　ですが「21世界」のカードで、中心の第五元素と、月下の周辺にある

四元素の境界線を引かないというのはかなり不安なことです。上位の次元との接続のための同期の軸が見失われてしまう可能性も出てくるからです。

　ですから、十二進法タロットを考えるならば、次の山羊座のための22番カードも必要だし、そこで止めてしまうと、特定の枠の中に閉じ込めて死なせてしまうことにもなるので、さらにその次の水瓶座の23番、そのまた次の魚座の24番も必要になるのでしょう……。こんなことをしていると果てしないので、これまでのタロットカードは、一応の節目として「21世界」のカードまで行けば「後は好きにしてください」というものでした。

　エソテリックの門ということからすると、中心に至る道を見つけ出したら、その後は知らないというものです。なぜといって、もう経典もアドバイスも必要がないからです。

　私の場合には、夢の中で外国人が出てくると、それは宇宙人であるという取り決めがあります。他の人の夢ではそうではないかもしれません。物質肉体の領域では外国人はよその国の人ですが、夢はエーテル体の体験であり、すると外国から来たというのは、太陽系内惑星の人、太陽系外惑星に住んでいる人などになります。これはエーテル体がどこまで伸びるかということによりけりです。上位エーテル体に接続されればエーテル網は恒星にまで届くので、その範囲のエリアで考えていくということです。

　私の夢では、月の軌道にある宇宙ステーションにいる人々は外国人の姿にはならず、外国人で出てくるともっと遠い場所となります。もちろん、恒星存在は、そもそも人間とか生き物の形となることがないので、外国人はどこかの星雲界の恒星の周囲にある惑星の存在です。

　巨大マンションの中に雑誌・新聞の売店があり、それを経営しているの

はアラブ人らしき外国人ですから、宇宙人がインフォメーションをもたらすブースが12階にあるのです。情報が欲しいのならば、このイメージにフォーカスして夢を見ればよいということです。紺色の服を着たアラブ人の顔は覚えていますから、キオスクのようなブースとともにイメージを再現すれば情報は手に入るでしょう。

　この夢の2日前に、アメリカの西海岸に隕石が落ちるので、その場所を細かく指定してほしいという依頼が来た夢を見ました。この依頼書は具体的に細かく書いてあり、ある恒星から吐き出された影響が西海岸を直撃するのだそうです。もちろん、夢はエーテル体の体験であり、どんな内容も予知夢にならないし、物質界に貢献しないという私の取り決めがあるので、隕石の西海岸直撃は象徴的な内容です。エーテル体は局在から非局在に伸びていく。このエーテル体の性質をのびのびと発揮するためには、局在のメリットに引き寄せすぎてはならないし、肉体の側に寄せすぎると夢の重要性が大幅に損なわれます。物質世界とは切り離した上でなら、夢をエーテル界においての知識、情報を受け取るシステムにするというのは役立ちます。

　四元素、あるいは12感覚を上昇させるには、絶対的な必要なものとは正確な中心軸の獲得です。これはメンタル体、アストラル体、エーテル体、さらには肉体が同心円的に重なり、上のものが下に、下のものが上に上がるので、自然に、四元素や12感覚がシフトしていきます。

　仙道でいう気化は、この感覚の上昇を意味しています。この軸を精密に設定することと、アストラル体をリファレンスにして初めて見つけ出すことのできる性センターのバランス点、下からの圧力を受けるカルマ要素を除去すること、そもそも恒星の身体がないとアストラル体のリファレンスが作れないなどは、どこが先なのか順番は難しいのです。つまり、行ったり戻ったりしながら調整しなくてはならないということです。こ

の中心点は、それを獲得した人以外には判断ができないという特徴があります。

夢の中で、たくさんの人が雑多なことをいい、しかも両性具有者はその中に混じっていて、誰が両性具有者なのかさえわかりにくいというのは、世間では、何が正しい道なのかは全く不明であるということでもあります。特に本能センターの軌道修正については、それぞれの人のアストラル体からお手本が持ち込まれるので、公共的な誰にも通用するような公共的な教科書はありません。

タロットカードを行きつ戻りつしながら探索するしかないのです。

「21世界」のカードの楕円の境界線は隔離を示していますが、この境界線がないとすべてが台無しという可能性もありそうです。これは仙人になる人は世間に混じらないという意味とも通じています。

38　2回転目の12サイン〜普通さをはみ出す

facebookに以下のような文章を書きました。

今日の夢は、人間は主体意識を身体から外のあちこちに移動させられることを説明していた。地球ではそれはできないものだという教育をされている。タロット道では、分身を作り、この分身が成長した後に、旧肉体を飲み込むが、ここで分身に主体移動をしているとも受け取れる。通常子供を生むと、親はそれとは別個の存在として生きるが、これも主体移動はできないという教育によって、子供の中に乗り込めないからだ。地球ではそうやって人間組織はばらばらになっていく。主体移動ができるなら分身を作りそれに乗り換えて生き続けるということが可能。それをしていたのはヘルメスだと言われる。三度生まれのヘルメスの意味にはそういうことも含まれている。身体よりもはるかに大きな範囲が全部自分とみなされれば、この範囲内で主体が転々と動いてもあまり気にならない。私達が身体の中であちこちに意識の焦点を移動させることができるのと同じだ。ヘルメスは異次元に旅することにこだわっていたが、このマクロな話はそのままミクロ構造では分身に乗り換えるということを示す。で、夢の中で、男性から分身をどう成長させるか質問を受けていた。親の男性は私にそれを聞きたいのに素直に聞かない。どうもプライドがあるらしいぞ。分身（トゥルパ）の女の子はビニール人形のように動かず入魂がされていない。つまり親の主体が移動していない。まあプライドがあるということ自体

> が、主体は自分の場所に居座るという意味だからね。この男性はかっこつけだが、でもちゃんと説明すると本気で取り組む気配もあった。それにしても分身の育て方を教える立場になるとは思わなかった。しかし主体移動という十牛図でいう第八図の段階は、分身乗換えと直接関係があることはあきらかだ。

　物質的生活をしている地球人の場合には、自我は肉体にあるとか、極端な話では自我は肉体が作り出していると考えられているので、主体としての自我が身体の外に出るというのは想像もつかない話です。しかし眠って夢を見ている時には、肉体と結びついているエーテル体は大きく伸びていき、肉体という局在と無限を意味する非局在の間に橋渡しをするので、このエーテル体に乗って自我・主体は、肉体から離れ、遠い宇宙にまで拡大可能です。
　夢の中でいろいろな登場人物が出てきますが、そのうち、「この存在は自分。この存在は自分とは違う」という区別もつきます。自分でありながら違う存在になっているというのも、自我の移動です。宇宙存在あるいは宇宙人の基本的な形としては、死なない、だから生まないというもので、食事もしないというものです。
　地球人のように死んでいく、死んでいくからこそ子供を産むというような形態はかなり珍しいために、宇宙人達の目を引きます。死んでいくが、子供を産み、この子供に乗り換えるとなると、それは脱皮ということになり、マクロコスモスとミクロコスモスが鏡のように対応しているという原理からすると、今まで住み慣れた宇宙から違う宇宙に移動するという意味と同じです。
　肉体とは宇宙そのものであるということから考えるとわかりやすいで

しょう。ヘルメスはいくつかの文明を渡り歩き、そのつなぎをしたというのは身体を乗り換えたという意味なのです。

　facebookに書いた男性は、この分身を作りそれに乗り換えるということを詳しく知らない宇宙人で、このやり方を模索してみようと考えています。住み慣れた宇宙にずっといるのならば、死なないし子供も必要ない。しかし存在の拡張をして、違う宇宙にも入ってみたいと思うと、この分身作りはなかなか面白いものだと考えていたのです。

　この興味はあるが躊躇しているような、それでいて、もう十分に踏み出してしまったという微妙な表情が、夢ではありありと見て取れたので、なかなか興味深いと思いました。夢はこうした微妙なものを表現してきますから、砂の一粒のようなものも大きな手がかりです。

　全太陽意識に自我があれば、この全太陽領域のどの場所にも自我を移動させることが可能です。無数の分身を作っても、それはみな自分という意味なのです。

　私は他の著作でも、マカバは飛ばないと書いています。マカバとは生命に必要な八つのパーツを集めて結晶化したものであり、このマカバの範囲において、体内のどこに意識が移動してもよいし、それがマカバが飛ぶように錯覚させると書いたのです。全太陽意識サイズのマカバならば、この範囲の中にある七つの恒星のどこにでも飛ぶことができます。

　ただ、これでは話が大きすぎるので、もう少し個人に近づけてみましょう。

　ある時代から人体の周囲にあるエーテル体は身体にぴったり張りつくようになったといわれています。今日の人間の場合、だいたい身体の皮膚から外の２㎝あるいは３㎝程度までかもしれません。もちろん、これはオーラの話ではありません。肉体と面裏で符合するようなエーテル体の最も低い部分の話です。

人体と同じ形のエーテル体を持つと、それはその人の能力のなさを表します。つまりその人の知性や感情は等身大にとどまり、新しいアイデアを考えたり、突出した何かを実行することができなかったりするのです。見たままの人であり、見たまま以上のものを何一つ持っていないのです。

　エーテル体が人間の形を持つとその人からは何の新しい可能性も出てこないということなので、退屈ではない冴えた人になるにはエーテル体は人間の形をしておらず、最終的には自分の故郷の恒星が示す身体スタイルを反映するものになるのがよいでしょう。

　思考H48は物質しか見えないので、見たままで判断しますから、容貌や持ち物などに騙されます。高級スーツを着ていると中身もそれにふさわしい人間なのだと思い込みます。しかし感情とか身体センターは、たいていは思考H48よりははるかに高速振動のボディなので、この見た目に誤魔化されず、何となくであれ、エーテル体のかたちを察知するでしょう。言葉では説明できないが何か違うと感じます。

　私がQHHTセッションを受けた時には、自分の身体は空色と茶色の混じったような半透明の筒のようなものでチャクラさえありませんでしたが、膝に複雑な装置がついており、これが元の場所と通信する機械であり、なおかつ身体をチェックする健康管理の器具だということがわかりました。

　星の身体とはアストラルボディのことですが、非局在的なアストラル体というのは、具体的なイメージを持っていません。ですから、絵に描くことはできません。しかし、それをエーテル体は具体的な時と空間に結びつける作用ですから、エーテル体との関わりの中で、エーテル体が具体的にどこかの局在的な場所とつながる時には、その場所にふさわしいような形やイメージを帯びるようになります。

私がかつてスピカに行った時、スピカ星人を地球に一緒に連れていくことになりましたが、雰囲気とか気配はわかっても、具体的な生き物のイメージを割り当てることができませんでした。かといって、何かオーラのような塊としても思い描けず、そこに存在しているがイメージ化できないというものでした。これが恒星に住む存在の実態です。

　エーテル体は徐々に具体的な場につながります。さらに物質体と重なると、それはほとんど生き物の形を取ることになりますが、地球においての物質体の人間の形は既製品として、誰もが同じ形になるといういわば学校の制服のようなものなので、この形に対して、遊びしろをかなり大きく取らないと、アストラルボディは結びつきにくいのです。地球的身体は既製品であり、その人の個性とは全く無関係という点で、死後も人の形は残さない方がよいのはいうまでもありません。

　夢では肉体とエーテル体はつながっているので、その結果として夢の映像には起きている時の知り合い、事物イメージを借りたりしますが、肉体につながるエーテル体の紐が切れてしまうと、地上イメージを借りることがどんどん減少して、地上において親子のつながりがあっても、それは無効化されます。だからこそ地上イメージに依存して自我を作っている人は、死後は自我を維持できなくなります。

　応身は肉体の死後、すぐさま人の形を捨ててしまいます。それは不便な鎧(よろい)なので、一刻も早く脱ぎ捨てたいのでしょう。その後、1㎜程度の点になったり、あるいはまた地球のサイズになったりと可変しますが、私が毎日のように関わっている応身は、3㎝くらいの光の球になることが多いです。

　2017年の2月までの2年間は半蔵門に事務所を持っていました。夢の中でこの半蔵門の駅から、自宅に戻ろうとしたのですが、地下の駅に降りる前に、私がよく以前「エビ金星人」と呼んだ存在がエーテル体は20％

くらい尾を引くか、はみ出すのがよいという話をしていました。身体の外2cm程度だと比率は少ないのですが、20％のはみ出しはかなり大きな比率で、大幅な肥満体のような印象です。私はエーテル体を時間と空間の滲みと説明することが多いので、20％の滲みは空間だけでなく時間方向にもはみ出し、これは日常生活に相当に大きな影響を与えます。

　３Ｍという企業にはかつて「15％ルール」というのがあったそうで、業務時間内に15％は仕事と関係のない趣味などをしなくてはならなかったそうです。

　駅に降りて切符の自動販売機にお金を入れると、大量の１円玉、５円玉、10円玉のおつりが出てきて、片手では掬えません。駅員を呼び出し、このはみ出したお釣りを持ってもらうことにしました。彼は私が降りる駅の降り口を勝手に推理しています。私は娘と暮らしていることになっていて、この娘が喜びそうなアミューズメントセンターがある出口だと決めてかかっているのです。余計なお釣りというのも、はみ出し成分が20％ということと似たようなもので、日常の生活においての効率性、コスパ重視ということには反しています。娘もアミューズメントセンターも金星の象徴で、エビ金星人もそうなので、金星尽くしの夢です。

　私はよくロベルト・アサジョーリを引き合いに出して、意味のない行動をするのがとてもよいことだといいます。多くの指導者はこの意味のない行動をすることをメソッドとして推薦します。物質生活においての意味とか、また効率性の発揮は、そもそもこの価値観が物質生活ということを主眼にして組み立てられたものなので、結果として人を物質生活に縛りつけます。

　グルジェフのいう自己想起とか、また、水瓶座の意味するものはタロットカードでは「11力」のカードに描かれていますが、ライオンに象徴されるところの無意識的に同一化した印象から自分を引き離し、思考、感

情、印象、あるいは身体性は自分ではないといいます。エーテル体が身体にぴったりと張りついているのでなく、20％滲んでいると、この印象への同一化ということが、そもそも最初から正確ではないので、意識の目覚めには役立ちます。

これを書いている時期に放映されているテレビドラマで、「獣になれない私たち」というものがあり、ここでは主役の女性は仕事に有能で、どんなことも正確にこなしますが、多くのサラリーマンは、このドラマを見るのが苦痛で、テレビを消してしまう人もいるという話です。仕事に真面目な人は、行き過ぎると自律神経失調症になったりしますし、幻覚を見たりもします。

20％の無駄、はみ出しがあれば、健康に生きることもできるでしょうが、勤め人としてはほとんど使えない人です。1日24時間のうち、20％の滲みは5時間前後の揺らぎ成分ですから、会議に5時間遅れてくる人のようです。ずっと昔の沖縄人、それこそ夕方であっても「まだ明るいから昼だ」というような人です。

実際、ある時期、私は沖縄在住のマドモアゼル朱鷺の要望で、一緒にコラボ書籍を書こうという話がありましたが、その最初の打ち合わせにマドモアゼル朱鷺は3時間も遅れてきたし、その後の連絡もままならない状態なので、編集者が気分を害してこの企画はなくなりました。

このドラマの中では、屁理屈を主張するニート女性が登場しますが、これも20％の遊び成分の中に入っていることでしょう。半蔵門の駅に向かう途中で私は工具を探しているらしかったのですが、この工具とは道具であり、人間を道具とみなす道具主義のことを指していたのかもしれませんが、工具は見つかりませんでした。それに対して、「20％のはみ出しがいい」とエビ金星人はいうのですが、工場の製品では3％不良品が出るのは当たり前です。しかし20％も出てしまうとその工場は立ちいかな

くなります。

　私は夢の本を書くために、毎日夢を見ようと思い、睡眠時間を増やしました。それまでは8時間寝ていたのですが、これを9時間にしてみました。するとたいてい眠りについてから、5時間くらい経過してから目覚めてしまい、それから二度寝します。この二度寝の前後の二つの夢はほとんど記憶しています。

　記憶が残るかどうかというのは重要ですが、メモを取らずに記憶を維持するということがよいと思います。工夫してみると二度寝が効果的だったのです。フェイズ4と夢のフェイズ1から3までの記述形式には隔たりがあるので、これを上手く編集するには録音機とかノートを使わないで、忘れるものはそのまま、忘れていないものを選ぶということをした方が情報の重要度の序列ができやすいのです。

　二度寝する時には意識的になっていますから、その後、見る夢に関しては、かなりコントロールしやすい状態になっていて、私はしばしば夢の方向性を変えてしまったり、書き加えたりします。これは明晰夢といわれているものだと思いますが、それ以上に、もう既にこれは夢ではないという感じもします。

　しかし、このように毎日夢を見るために睡眠するのは、どこかしら悪夢みたいだと感じることもあり、それは睡眠がリラックスして休むという目的にそぐわなくなっているからで、眠る時に真剣勝負で取り組む、しかもテーマをエーテル体言語で打ち込むというのもなかなか息苦しいものがあります。

　この睡眠時間を増やすというのも、日常生活の効率性に反しています。起きている時間が楽しくないので眠る時間を増やすというような人にも似て、人生の時間を無駄にしているように見えますが、これも無駄成分を20％に増やすということに貢献します。

例えば、科学的な知識、医学的なもの、常識などに対しても、20％理論にそぐわないものを入れるのがよいでしょう。もちろん、宇宙的な知識という点では100％完璧であることが好ましいのですが、これは地上的な知識に反するものが多数あります。というのも地球の地上的知識は、孤立した世界で編まれたガラパゴス的理論だからです。

　タロットカードの大アルカナカードは日常的社会生活には貢献しないし、当てはまることも不可能なカードが数枚あります。今までのタロット占いではそれを日常の生活の中の項目に無理やりこじつけて解釈しており、結果として、かなりいびつなものとなっています。巨大な身体を小さなベッドに寝かせるために、はみ出した頭と足先をのこぎりで切った話のように曲げて解釈します。タロットカードは社会生活には収まりません。タロットカードは地球外の知識なので、それは地球生活という枠からはたいていはみ出すのですが、反対に地球脱出に使える稀有な体系ともいえます。

　生活リズムを、常識的範囲からはみ出すように組み立てるのはエーテル体知覚を育成するには役立ちます。

　例えば、連絡もなしに姿を消す時間が20％あるとか、外国人労働者の20％は行方不明になるとか、収入のうち20％は本人からしても使途不明金であるとか、家によくわからないニートがいるとか、人間はちゃんと働き、結婚した方がよいという基準から大幅にずれているとか、駅前によくわからない穴が空いているとか、5時間停電したなどいろいろ思いつきそうです。

　夢が日常の生活に侵食して、日常の生活の20％は夢の内容がそのまま続いているというのもよいでしょう。夢が明晰夢となり、つまり目覚めた意識が夢に侵入するように、今度は夢が日常の生活の中に侵入する。

　例えばQHHTセッションの時の状態がそのまま日常生活の中に入り込

んでくるようなものです。これはどういう意味なのかと何かに疑問を感じながら歩いていると、誰かがそれについて声なき声で説明をしてくるというような生活です。

　エーテル体は生命体と訳され、つまり生き生きしており、身体は機械的なロボットのようなもので、大半は無機的で、つまり感じないボディです。硬直したものに飲み込まれて、存在そのものが硬直しないようにするには、常に20％不確定な遊び成分を入れるとよいということになりますが、このことを提案したエビ星人はそもそも最初の出会いで、「もっと楽しもう」といってきた存在であり、金星からすると地球はかなり異常なロボット世界ということなのでしょう。

　ちなみに私は睡眠時間を９時間にしましたが、仕事は１日１時間半程度することにしています。朝からカフェで１時間半ほど原稿を書きます。それ以外の時間は効率性からおおいに外れており、気分次第で何かしているということばかりです。

　予定が決まっていることをするのはストレスになることが多いので、あらかじめ決まったスケジュールのものに参加するのは苦手です。こういう人は会社に行くことはできないでしょうが、これまでも私は会社員になったことは一度もありません。若い時期にアルバイトはしたことありますが、その時も上司に当たる人のいうことをほとんど聞いたことがありません。

　最近、自分の太陽はアセンダントから数え度数12度にあるのではないかと疑っています。サビアンで牡羊座の12度に当たるのは、「野生の鴨の群」で、これは社会的なルールには従わず、いつも勝手気ままなことをしている人を表します。しかしこの社会ルールに従わない中で、宇宙的なリズムには忠実です。鴨は誰から教えてもらったわけでもないのに正確に三角形の隊形で飛びます。

私のサビアンシンボルには飛ぶものとか鳥などの象徴が多く、いわば鳥族でもあるので、鴨もなかなか適切なのではないかと思います。
　facebookに以下の書き込みをしました。

唯識論の横山紘一式に言えば、十牛図の第八図人牛倶忘は、主体と客体が溶けて、主体のありかもはっきりしなくなる状態。主体を点であらわすと、この点がなくなった絵が描かれている。この円は大きな自己をあらわすのだが、私達は小さな自己として生きているので、かならず主体があり、第八図はこの小さな自己が溶けて大きな自己という円に"引き上げられた"状態でもある。固定された主体が溶ける必要があるのは、第九図で外宇宙に飛び出すためだ。つまり第八図の大きな円は、これまで住んでいた宇宙全体ということをあらわしていて、主体という一点のピンをはずすと、はじかれたように外に飛び出す。今日の夢は、魚座で作ったアストラル体が船になって、筒をぬるぬると抜け出すという映像だが、夢を見た直後は、何をいまさら、と思った。そのことについては既に説明したはずだからだ。夢では12サインは筒のようになっていたので、蛇の脱皮のような映像を見ていたことになる。なぜいまさら、この光景を見せたのか。一つは第九図で外に飛び出すと、第八図で成立していた世界という円はしぼんで消えてしまう可能性。というのも主体と客体のセットで世界という信念体系が作られている。主体を抜き出すと梁が除かれた家のように倒壊するのでは。世界はそのままにして、そっと抜け出すという行為は難しい。主体と客体の固定的な関係性がいったん緩むと、過去の記憶も書き換えられたり違ったものになるので、宇宙に飛び出し戻ってきた時には、思い出の場所、なじんだ場所がどこにもないのだ。過去の記憶

> は自分という主体が同じ場所にじっとしていたからこそ形成できていたもの。確かに第十図で山から下りて町に入っても、そこは自分がかつて住んでいた場所ではなくなっているし、町の人から見ても、この山から下りてきたツァラトゥストラは怪しい謎の存在だ。覆水盆に返らずか。新しく記憶を作ったり、最初からやり直すというのはある。

　この文章の内容は、毎日の睡眠で、恒星領域、すなわちメンタル体のフェイズ1領域に行くたびに、過去の記憶も刷新されるという意味を含んでいます。
　シュタイナーは、人は神界とかメンタル界に行くことで、初めてやすらぎを感じるといいました。イメージや色、音、印象が全く消えてしまうのがメンタル界です。世界はあまりにも騒がしいことに疲れた人は、この無の暗闇に行くことで初めて休憩できた気分になれるのです。
　メンタル体は創造力を持つ領域であり、創造力が本性の意識は、何かをそのままにしておかず、必ず新しく作ることになります。つまり継続するものを許さないと推理してもよいでしょう。
　ということは、フェイズ1の夢体験をすると、朝目覚めるたびに、ここはどこなのか、自分は誰なのかわからない、ということにもなりやすいのではないでしょうか。しかし究極の高度な意識はあらゆるものと関連性を持っています。
　つまり、宇宙の中にあるすべては自分なので、朝目覚めて記憶がなくても、それは全く気にすることはなく、究極の意識というところでは連続性が保たれており、そこで記憶も意のままに作り出すとよいのです。
　私達は毎日眠るつど、宇宙に戻り、毎回朝起きた時に、今、初めて地球に生まれた気分になります。地元にしがみついている住民は記憶と思

い出を維持します。すると山から下りてきた人は、この地元の住民の記憶を借りて、それをちょっと書き換えたりしながら、その後の生活をしていくのです。ちょっと書き換えというのは、取り上げた時にはもう記憶は変わってしまうということもあります。

　記憶というのは、意識としての本質とそれを取り巻く質量性のセットで成り立っており、意識が違うと記憶は異なるものがアクセスされます。意識状態が変わってしまうと、これまで全く知らなかった新たな記憶が、折り畳まれた屏風の絵が展開されるように現れてくることに衝撃を受けます。そのため、住民の記憶を借用しても、違う人が取り上げるので内容には改竄（かいざん）が生じますが、これは自動的に改竄されるので、本人もあまり気がつかないことも多くなるのではないでしょうか。

　私はfacebookで、私のタイムラインにときどきコメントしているニート男性に、「世の中絶望講座をするのがいい」と勧めましたが、本人がまずは世の中絶望講座のことを言い始めたのです。世の中でいいと思われているものを次々と否定するというのはなかなか豪快ですが、これを強気で押すには明確な理論的根拠が必要です。

　エーテル体の仕組みなどを解明すれば十分に力づけになります。エーテル体は物質体を傷つけることで接点を持つのです。地球は孤立して、地球でのみ通用する考え方を編み出したということでは、このひっくり返しを提案するのは建設的です。

　例えば、日本の首相は生涯現役を提案していますが、人間のサイクルとしては、定年退職の後は宇宙的生活のために準備することが重要で、これは余暇を過ごすというよりは、本格的に取り組む時間が訪れたことでもあり、このためには地上的仕事からは手を引く方がよいでしょう。いつまでも暇つぶしをしているわけにはいかないということです。

　この転換の年齢は人によって違うと思いますが、最も遅い時期として

は天王星期に入る71歳からです。天王星はエーテル体の反映であり、それは局在的人生から、より普遍的な人生へと乗り換えるのに強い刺激を与えてきます。しかし天王星期を待つまでもなく、もっと早くてもよくて、40代からでもよいのです。一度くらいは社会活動をして、それから引きこもるのが正しいのではないかと思うので、人によって年齢は調整するとよいでしょう。

詩人のランボーのように20歳前後で燃え尽きてしまう人もいるのです。

私は人生のサイクルをタロットカードの小アルカナの人物カードである小姓、騎士、王妃、王の四つのサイクルで説明します。社会活動をし、頂点に至るのはH24レベルの騎士のカードであり、十牛図では第七図の「忘牛存人」の段階で、騎士の後の王妃、王は何一つ社会には貢献していません。それは高次感情センターと、高次思考センターに割り当てられます。

霊的な開発とか、修行、宇宙への旅、宇宙人との接触などはすべて夢でこなすことができるので、夢を見るための暮らしというふうに日常の生活を再編成するのがいでしょう。

十牛図の第七図「忘牛存人」

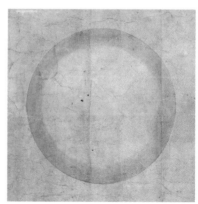
十牛図の第八図「人牛倶忘」

そのためにはどうしても暇な気分が必要で猫のような生活になりますが、この中で宇宙の真実を探求するのが最も優良な人生を送ることになります。夢体験で、主体が肉体に閉じ込められていることから解放されるので、これは十牛図の第八図の体験となりますが、フェイズ１の夢を見ることは、恒星に飛ぶことと同義語なので、これは十牛図の第九図の体験です。

私は20代の頃から10年くらいの間は黒服の二人の若い男性から夢の中で教育を受けていました。この二人の扮装は紺色の縁取りの黒い服というのが特徴的です。夢の中で教育を受けたのは、地球の自閉症の影響下で書かれた本は宇宙的法則からするとねじ曲がったものが多いということです。だから地上にあるたくさんの本を読んでいる読書家は、本当の意味では知性と教養がある人とはいえないことも多くなります。

アメリカの学者がいうことには、書物の中で重要な内容はだいたい３％だといわれていますが、つまり書籍全体の中で、意義のある本は３％程度という理屈も成り立ちます。

グルジェフは、エニアグラムに対する知識は、書物からでなく、直接

十牛図の第九図「返本還源」

エニアグラムから手に入れる必要があるといっています。砂漠の中で放置されていても、エニアグラムを使って生き残ることができるというのです。

この点では、例えばエニアグラムや生命の樹、タロットカードなどを手にして、これらから直接知識を得るというのがよいでしょう。わからないことがある時には書物を参考にするのではなく、エニアグラムや生命の樹、タロットカードをじっと見るということです。ホロスコープでもよいでしょう。

これはホロスコープの構造に目を向けることであり、個人の人生がどのように描かれているかに着目することではありません。12と7の法則がいかに巧妙に織り込まれているか、まさに驚くべきなのです。そして夢に問いかけるとよいでしょう。

夢は通常の言葉を受け取ることはなく、受け取るものはシジル、ロゴスとしての記号、つまりはエニアグラム、生命の樹、タロットカードなどであり、これを投げ込むと確実に回答してきます。

今後AI（人工知能）はもっと発達するでしょうから、実用的で、効率的、実務的なことはすべてAIにしてもらって、人間は地上的価値観から見て、無駄なことばかりをする人生を送るのがよいのではないでしょうか。そして宇宙的に有意義なことに取り組むとよいのです。

一時、遊び成分は1/fゆらぎだといわれていました。1/5ゆらぎが勧められます。

39　いつもの人

　地上にあるものは当てにならないので、正しい知識を夢から得ようとすると、夢の中でいつも定番的に登場してくる人がいると便利です。

　私の場合には、この人数が多すぎる気がしますが、それでも30年前に夢の中で会った人が今登場してくれば姿や形が変わっていても即座に識別がつきます。

　20代の黒服の二人の男性の場合、毎日のように登場していたので、話の内容も連続していました。これらを「ガイド」と呼んだり、「ハイヤーセルフ」と呼んだり、「守護天使」と呼んだり、さまざまな呼称がありますが、必要に応じて、それにふさわしい相手がアクセスされますから、個体として誰かというよりも、ネットワーク的につながった人々と考えるべきです。

　毎日夢を見る生活をしていると、徐々に、この関係する人々が決まってきて、かなり安定性が出てくることになるでしょう。

　私は、エーテル体は物質体の随伴機能でもないし貢献する必要もない、それは独立した知覚であると主張しています。この考え方からすると、エーテル体で体験するものを地上に引き下ろしたいと思わなくなります。

　多くの人は夢の中で素晴らしい相手に出会った時、地上的に遭遇したいと思うでしょう。つまり、このように考える人は物質体が真であり、エーテル体は偽であると考えていることになり、エーテル体の独立性などを構築できない状態にいます。夢で出会った人は、ずっと夢の中で話をすればよいのであり、地上生活に関連づける必要はありません。

　眠っている時、肉体はエーテル体とつながっているので、エーテル体

体験でも、物質界での知り合いとかの顔を借りたりしますが、それが象徴表現をする時に便利だからであり、物質界にいる当人とは無関係です。この物質界とエーテル界の切り離しができれば、夢の住人は遠慮なしに近づいてきます。

達磨大師の修行法や、タロットカードの「19太陽」のカードが示すことは、肉体的世界と夢の世界で分裂した暮らしをしており、徐々に夢のリアリティが侵食して物質世界を飲み込んでいくプロセスを示しており、最初の段階では、この夢の世界の独立性が強化されていくというものです。眠っておまけのように夢を見ているのではなく、夢は独立した世界であり、やがてこれが肉体を持って生きている世界を吸収してしまうのです。

地上に生きている人は数十年すると死んでしまいます。影も形もなくなるのです。しかし夢の中の登場人物はエーテル体、アストラル体、あるいはメンタル体ですから、永遠に近いくらい長生きです。

例えば、私にいつもタメ口で話しかけてくるエビ金星人は、金星の象徴、あるいは東洋占いでいう七赤金星であり、それは普遍的元型であり個人というものを持っていないので寿命はほとんど永遠です。

「19太陽」

私のところに教育係で来ていて、私が「爺や」と呼びたくなるような二人の男性も、そもそもは集合体であり個体ではないとダリル・アンカが説明しています。つまり物質的には幻です。肉体的に生きている人にリアリティを感じ、夢の中の登場人物には虚構しか感じないことから、今度は反対になって、肉体的に生きているものはすぐに消えてしまうもので思い出さえ残らないようなもので、夢の中の人物の方に真実味を感じるようになると、本人が肉体的存在でなく元型的存在にシフトしつつある、つまり応身的になりつつあると考えてもよいかもしれません。人は自分にふさわしい世界に住んでいるということです。自分の変化とともに世界が変わってしまうのです。

　夢の中での安定した知り合いを作りましょう。この場合、影の半身としての異性は、宇宙的な接点を持っていませんから、早めに飲み込んでしまうのがよいでしょう。ここに関わりすぎると、その先の宇宙通路が曖昧になってきますが、併合すれば、その先に進むことができます。

　この影の半身に過剰に引きずり込まれることを回避するために、異性の姿を借りていない存在がよいでしょう。そしてより宇宙的になるには、人間の形をしていないのがより優れています。

　エビ金星人は七つの節を持つオレンジ色の筒で、上下がプードルのように膨らんでおり、ドレスの裾のように夕方をずるずると引きずっていますが、これは日蓮が七面観音と呼んでいた存在で、人の形から紅龍に変身すると書かれていますが、私の夢では一度も人の形になったことがなく、七つの節目のオレンジ筒のままです。ですが金星人ということで、太陽系の外との扉を持っていますが、そう遠くまでは行けないでしょう。これはビーナストランシットの象徴で、地球から飛び出すには適した存在です。

　恒星はたくさんあり、縁のある恒星一つひとつが一人の人物と決めて

もよいかもしれません。恒星はメンタル界に照応するので、ロゴスであり、生き物に割り当てるには適していないのですが、メンタル界からそのまま引き下ろしたアストラル体というものを仮に身につけることは可能です。

　もし、全体的な意識というものを手に入れることになると、例えば一つひとつの惑星に対応する人物なども出てくるし、すべてのパーツが夢の中で出揃ってきます。

　十牛図でいう第八図の円が太陽系範囲であれば惑星のすべて、この円が特定の恒星領域であれば、その磁場の中にあるすべてが夢の中に登場します。

　私の場合、銀河連合に所属していない埒外勢力とも関わりがあるために、それは一人の男性としてよく登場します。QHHTでは、セッションの最初の段階で保護しているピラミッドを思い浮かべますが、これは地球に関わるプレアデス、オリオン、シリウスほかで構成される銀河連合が作り出すフィールドであり、それ以外の影響を遮断するという目的があります。たいていこのピラミッドが幕を張り始めると、この男性は弾

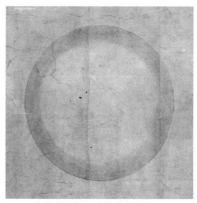

十牛図の第八図「人牛倶忘」

かれます。弾かれることがわかっているので、「じゃあまた後で」といって私に手を振って去っていくのです。

　舞台の円はその人の意識レベルに応じて範囲が違います。しかしこの住んでいるエリアとしての均質化が重要であり、この中の配役が一通り揃うと、プッチーニの海王星のサビアンのように海に囲まれた島ができて、この中で体験したり、学習したり、楽しいことをしたりします。

　毎日いろいろなことが起こるので、それに比較すると目覚めた日常の時間では、今日も何もありませんでしたというルーチンが続くことも多いので、起きた時間と夢の時間の強いコントラストが出てきます。

40　象徴の読み方は型共鳴で

　夢の象徴の読み方についてはマニュアルを書くことはできません。その人との関係性で意味が発生するので、一般的にいわれる象徴の意味など存在していないからです。

　ですから経験的に自分で読み方を確立するのがよいでしょう。これは象徴が出てきた時に、一般的にどう考えられているかではなく、自分にとってどういう意味を持っているのかということから考えるとよいのです。

　眠ってエーテル体の方に知覚意識が移動すると、このエーテル体が肉体から遠くなるほど、象徴の変容は激しくなります。

　例えば、今日私は自分が部屋にいて、この部屋の荷物を整理している夢を見ましたが、エーテル体は肉体という局在性と、無限に拡大する非局在の間をつなぎます。

　エーテル体が太陽系のサイズにまで拡張することもあります。するとエーテル体というのはいわば植物網みたいなものなので、太陽系の範囲に身体の中の血液網が張り巡らされているかのように触手が広がります。肉体から離れると自分のサイズは点になったりまた宇宙大になったりするのです。すると太陽系はまるで四畳半の部屋のように見えてきます。複雑な機械などがダンボールに入れられて部屋の中にあり、これから部屋に客が訪れるので、入口から中に歩ける通路を作るために、隣の部屋にダンボールの荷物をいくつか移動させます。

　四畳半の部屋というと立方体を思い浮かべます。私は一つの世界は立方体で表現することが多いのですが、するとここでは八つの点があるこ

とになります。平面は六つです。八つの点が集まったものをプロトコルにして世界が作られ、このプロトコルが共通した世界は行き来できます。

　この八つの点の集積をマカバと考えてもよいでしょう。私達が外の宇宙にいく時、今の私達の心身のままでどこかに出かけるというのは理屈として成り立ちません。外の宇宙に行くのは、私達の心身がその宇宙の構成要素で組み替えられることを表しており、原子のない宇宙なら、原子のないなりにその宇宙独特の物質に置き換えられなくてはなりません。つまり世界、宇宙とは、その思考、印象、感覚、意識活動などであり、ある宇宙を知るにはその宇宙の構成要素そのものに私達が変化しなくてはならないのです。

　私達は地球に入ってきた時、幼児になって、最初からやり直しましたが、これが地球に移動してきたということなのです。

　この場合、丸ごと構成を変えても、存在の基本となるものは残ります。この骨子が八つのプロトコルというわけです。エーテル界以上の世界では、空間位置とか時間の順番などは何一つ通用しなくなり、私達の物質界の因果律は有効性を失い、後は振動と型共鳴が主流になります。型共鳴とは似たものがあれば同じものとみなし、そこに共通した意識が宿るということです。

　エーテル体の線がつなぐのです。こうしたルールに慣れてくると、夢の象徴の激しい変化などにも違和感を感じなくなり、この慣れてくることが、そのまま夢の中で意識を保つ鍵になります。つまり共通した骨子の構造があり、同じものではないが似たものは共鳴して、そこに意識が成り立つということになり、夢の中で自分を維持できるということです。

　夢の中では20畳くらいの部屋でしたが、部屋は立方体であり、それは世界や宇宙の単位である。これも似たものは同じとみなす考えです。空間の違いなどを考える物質界では、20畳の部屋と太陽系は全く似ても似

つかないものです。しかし型共鳴と考えると、部屋をもっと違うものにも適用してよいということです。それでは20畳の部屋が出てきたら、それらはすべて宇宙なのかというと、違うでしょう。時には身体の中の分子一つに入ったかもしれません。エーテル体はこのようにサイズが固定できなくなっているのです。

物質のサイズとか時間の順番などの因果律が成り立つことにこだわると、これは地球的信念体系ということになり、この信念体系があると、その存在は地球の部品となり地球以外のどこにも行けないし、夢の象徴性を理解することも不可能になります。夢の映像は、どれもが、この地球的信念体系に基づくかたちとは一つも合致していないとみなすべきでしょう。

地球記憶をそのまま重ねて解釈してはいけません。この場合、眠りに入る直前、あるいは目覚める直前には、肉体に近いところにエーテル体が縮小しますから、物質界に少し近くなります。

私は目覚める直前、あるいは既に目覚めているがエーテル体の知覚が薄れていない時に、異形の存在とよく会いましたが、これは夢のように象徴的な姿をしておらず、物質の形として出現します。

例えば、ずっと昔に出会ったオリオン方向から来た埴輪(はにわ)のような茶色の宇宙人です。地球的記憶の象徴を一つも使っていません。かろうじて埴輪のようなという部分だけが既知の象徴を使っていますが、これも私が無理に結びつけただけです。地球上には存在しない形、象徴というままなら、私達は、実は、それを認識できないのです。つまり同じ型がないならばそこで意識は遮断されて、その後、目覚めることはないのです。意識が遮断する可能性が高いのに、あえて目覚めた時に割り込んできたオリオン方向宇宙人は、その位置に割り込む理由がありました。

彼は私の腰が壊れたのは、彼がずっと古い時代に体験した事故を目撃

したために起こったことなのだといいました。私は今ではこれを否定的な意味を持つ事故だと思っておらず、オリオン方向の故郷に戻る時に解放されたエネルギーの爆発のようなものだと考えています。

　地上生活では、この記憶が残ると、地上を歩く足と、精神や感情をあらわす胴体のつなぎ目がずれていきます。その場所にその記憶が楔のように刺さってしまったのです。腰から下の足は、純粋に地球の重さでできており、それをオリオン方向の星に連れていくことができません。

　オリオン方向の星の意識に同調した精神は、腰から下だけが地球の人として生きていくことになります。もし彼が夢の中で象徴的な現れ方をした時には、この物質とのつなぎというような問題に触れることはなかったでしょう。

　彼は私の腰に触れようとしましたが、私はその手を払いのけました。もし、彼が私の腰を治したら、私はそのオリオン方向の星に連れていかれるのです。払いのけた時に手は彼に触れましたから、手は侵食されています。

　ずっと後に、私の母親だと称する黒い怪物も、この右手に触れましたから、いつも右手が宇宙生命との接点になってしまったようです。

　夢の中では型共鳴で、丸ごと小綺麗に象徴変換されます。しかし夢から目覚めると、目の前には物質の世界があり、これは象徴変換しない領域です。つまり象徴変換する領域と、象徴変換しない領域の隙間、いわば危険地帯に、わざとオリオン方向宇宙人は入り込んできたのです。通常地球では、事物と象徴は別個のものとして接合されています。

　例えば、木製の椅子が組み立てられ、そこに椅子という役割の象徴が付着します。ここで平和的な共存があるのですが、接合部分をいじってしまうと、象徴が事物を飲み込んだり、あるいは事物が象徴を死なせたり、あるいは変わったつながり方になったりします。事物の世界では科

学法則のように頑固なルールがあります。接合部分ではそれらが壊れたりします。

　彼は自分と同じ方法で、「自分の星に来て欲しい」といっているのです。骨子の構造は八つの点でありこれはそのまま使えます。というのも彼は死後、オリオン方向の星に戻ったので、この星と地球の間には通路ができています。通路がある、すなわち型共鳴できる物質が成り立つ。つまり世界を構成する8点には共通のプロトコルがある。地球にあるような原子や素粒子や分子は何一つないかもしれませんが、それに似たものがあるのです。ですから、そこに行くというのは8点がそのままで、一つひとつの部品が地球の物質と似ているが、違うものに置き換えられていくということです。

　もう一度書きますが、似ているものは型共鳴して、そこに通路ができて、そこでは意識が連続するのです。

　こうした夢の象徴表現領域と、目覚めた後の物質生活の隙間に割り込んできた例として、他の本にもたくさん書きましたが、金毛九尾の狐が目覚めるかどうかの時間に、私に張りついていた体験です。これも、もし、夢の中に出現すれば象徴表現として、そのまま抵抗なく受け取られる内容です。しかし目覚めて、まだエーテル体知覚が消えていない段階では、狐の皮に覆われており、しかしあちこちに破れ目があり、そこは人間の女性の身体で、私よりも身長の大きな狐がいたという映像になります。

　この場合、狐の皮膚が夢の象徴領域であり、人の肌が目覚めた後の物質界の映像であり、このハイブリッドであるということです。オリオン方向の宇宙人もこの金毛九尾の狐も、領海侵犯で、私にはこれらは特例のものだと見えます。とはいえ特例的な体験は他にももっとたくさんしているのですが。象徴的影響でなく、事物の領域に割り込みする準備が

あるという体験です。

　そもそも金毛九尾の狐は仏法を破壊するために中国へとやってきた存在でもあり、帝国を壊していくという意図も持っています。エジプトの文明が衰退した後、今日の文明は西欧を中心にして作られましたが、このエジプトの文明の時代の法則を再生させるという目的で、金毛九尾の狐は活動しているのではないでしょうか。それは物質界に対して迷惑をかけたり、秩序を壊したりするということにもなります。

　物質界というのはH48の思考の世界であり、この思考が対象化できるものが、一つひとつ物質といわれているのです。現実に物質界が存在しているのではなく、そのようなものの見方、考え方があるということです。

　ピュタゴラスのテトラクテュスでは、一番下の四つの丸がある場所が物質界です。この物質界は、存在の基本的な振動密度によって相対的に変化するので、私達地球人が見る物質界と、どこかの宇宙知性が見る物質界は振動が違う、見えるものもかなり違います。四つの丸が物質界であり、それは四つの丸が示すように、動かないで止まっているものです。

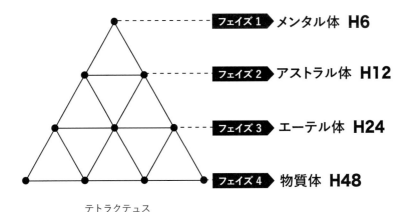

テトラクテュス

エーテル界は三つの丸なので、休みなく動いている領域です。金毛九尾の狐は物質界そのものではなく、こうした物質界のあり方に対して、エジプト時代のようなやり方に戻したいということなのではないでしょうか。
　これら領海侵犯者達は、エーテル界と物質界という、夢と現実の境界線を少し移動させ、また関わり方の書き換えを要求しています。このような出現はたいていの場合、目覚めた直後、あるいは目覚める直前のすれすれの場所で現れてきます。このような場所で奇異な体験をする人は、この象徴と事物の結合の固定的な関係をもっと書き換えていくということにテーマがあると考えましょう。
　占星術的にいえば、土星に対して、トランスサタニアンとしての天王星、海王星、冥王星がアスペクトを持っている人達かもしれません。地球物質界の信念体系を揺るがし、それを書き換えようとしているのですが、おそらくこのアスペクトを持つほとんどの人が、「言われてみるとそうだ」と自覚するでしょう。しかしこのアスペトを持たない人でもこのような考え方を持つ人はたくさんいます。ただ自ら泥をかぶる気はない、という人達です。

41　四つの周期

　とても古い時代の人の生活を想像してみるのですが、電気のない時代には夕方になり日が沈むと、その後は寝てしまうという時代もあったかもしれません。ランプなどを作って暗い夜にも起きていようとしたのは、どうしてなのでしょうか。起きていなくても人間は活動できます。ということはこの明るい光のある生活、カバラでいう意識の暗闇の生活、すなわち物質生活の比率を増やしたかったのでしょうか。そこまで物質生活にはうま味があったのでしょうか。

　現代では起きている時間が長く、夜になってもまだ明るい生活ができますから、古代に通用していた１日のサイクルの使い方が違ってきました。古い時代の、まだ灯りがない時代では、私が書いている起き際と寝入り端は、物質界とエーテル界が接触していてフェイズ４に近い夢が多いということですが、それはそのまま１日のサイクルの中での日の出と日没に割り当てることができるのではないでしょうか。

　明るい昼と暗い夜のつなぎ目は象徴的世界と事物の世界の接触が生じる場所であり、脆弱（ぜいじゃく）な縫合部なので扱いには注意が必要でしょう。

　カスタネダの描くドンファンは、夕方は呪術師にとって危険な時間といっていましたが、縫合部には雑菌が入りやすいし、予測のできない事件が起こりやすいのです。

　『タロットの神秘と解釈』では、小アルカナの小姓と騎士は、明るい昼の時間に対応し、また王妃と王は夜の時間に対応させました。ブレイディは古い占星術の枠組みを使って、日没のディセンダント以後の６ハウスから４ハウスの始まりあたりまでを晩年とか定年退職後の領域に割

り当てました。ICからアセンダントまでは死後の領域とみなしたのです。

　睡眠すると身体の動きが停止して、その後エーテル体、アストラル体、メンタル体へと移行し、目覚める時には、この順番の反対に、メンタル体、アストラル体、エーテル体へと戻ります。エーテル体が物質界に接触しているのは起き際と寝入りばなということですが、しかしホロスコープの四つのサイクルの順番からすると、日没以後4ハウスまでは王妃の時間、つまりアストラル体で、死後のICから1ハウスまでは王、すなわちメンタル体に割り当てられます。

　ヒンドゥーの基準などでは1日は五つのタットワにそのまま割り当てられていますが、私の個人的な体験では、まだ私の生活が夜型だった頃には、朝の4時から4時半のどこかに1日の切れ目というのがあり、そこは日の果てしない循環から外に飛び出す切れ目、外に開いた場所があると感じていました。

　四つのタットワの循環が静止して沈黙が支配する時間。四つの元素は時間と空間を作りますから、この時空の連続体に穴が空くのです。この四元素が停止するというのはアカーシャのタットワの性質そのものです。今は朝の4時に目覚めているので、このサイクルはよくわかりません。しかしこれに重ねて、エーテル体、アストラル体、メンタル体。それからまたアストラル体、エーテル体というふうに、頂点にメンタル体がある規則的な割り当てをするのに比較して、フェイズ1のメンタル体は起きる時間の側に少し寄ったところにあるように見えます。

　以前、午前4時前後を中空の場所と考えていた時は、昼前に起きていたことが多いので、睡眠時間の真ん中あたりに当てはまるのかもしれませんが、このスケールは睡眠の時刻によって変動するにしても、眠り始めてエーテル体、アストラル体、メンタル体に移行する時にはゆっくりで、そしてメンタル体、アストラル体、エーテル体に戻る時には少し急

速に進むような気もします。

　とはいえこの時間秩序と割り当ては、物質界にのみ通用することで、エーテル界以上の世界では、物質界の時間と空間の秩序は通用しないので、物質界から見てランダムに見えたり、順番がばらばらになったりするのはよくある話でしょう。つまり、ブレイディが使っているような１日を均等に四つの時間に分割する方法は物質界から見てのもので、実際的には割り当てが不均等になることでしょう。

　私の夢の体験では、メンタル体のものはほとんど記憶に残らないというよりも、記憶に残るという形態をしていないのです。それは無時間の一瞬の打ち込みのようなもので、それを横に長く伸ばして展開できないのです。ですから、記憶に残らないというよりも、記憶という形式に当てはまらないで残るという状態で、この割り当て時間は限りなくゼロにしてもよいのではないかとも思います。

　次のフェイズ２のアストラル体の夢は、概念説明で終わることが多いようです。要点記述のようなもので物語にならない。その後のフェイズ３のエーテル体体験は明らかに物語化されており、たいていの場合、フェイズ２の概念を、例えば物語にするとこうなりますというかたちになることが多いようです。夢見を何度も繰り返して、このフェイズの移行パターンを理解し、異なる言葉で成り立つ四つのフェイズを、それぞれ型共鳴でつなぐことで、記憶の連続性が保てることになります。異なる言葉で成り立つ世界なのに、そこに型共鳴を持ち込むというのはなかなか難しい技術かもしれませんが、私達は毎日寝ているわけですから機会はたっぷりあり、いろいろと試みるとよいのです。

　シュタイナーは、古代民族においては子孫は先祖の記憶をそのまま保持していたといいます。血の中に記憶があり、それは引き継がれたのです。これも型共鳴で、似た型を結ぶとそこでは意識と記憶が連続するの

です。この先祖の記憶を失ったのは混血が増加したからであり、異なる型を結合することで、この意識の連続性が絶たれたということです。

メンタル体のロゴスがあり、アストラル体はそれを忠実に肉化したものであり、エーテル体も型共鳴で、同じものをすべてつないでいきます。地球では物質体は誰もが同じ工業製品のように同じ形をしており、その人の本性となるアストラル体、エーテル体の形を引き継がず、物質体特有の鋳型を押し切ります。その結果として、メンタル体、アストラル体、エーテル体の連続する記憶は、肉体が目覚めるとともに型共鳴が断絶して記憶を失います。物質体においての記憶の連続性を重視すると、メンタル体、アストラル体、エーテル体の記憶の連続性は断ち切られます。

月が一つしかなく地球はそれに引きずられて重くなり、太陽との関係が遠くなったというところで、地球ではエーテル体以上の記憶を、物質体で断ち切るという習慣がついたわけですが、この場合、シフトした地球というのは宇宙法則を忠実に引き下ろすので七つの月があり、エーテル体の記憶はそのまま地球に降りてきます。つまりリリスがいうハゲ地がよいのです。

これは他の本に書いたことですが、月の軌道には宇宙ステーションがあり、それが七つの、あるいは21の月の役割をして、そこにリリスが住んでおり、彼女は手に繊維の束を持ち、この繊維は地球の植物につながっており、そして私に「地球には植物の育たないハゲ地が多い」といったのです。ここでいう地球とは、これまでの月が一つしかない古い地球のことです。

今の地球に住んでいるままで、強引にエーテル体以上の法則を物質界に持ち込み接続しようとすると物質界の破壊しかもたらさない、どこにも調停の場所はないとすると、シフトした地球にだんだんと移行して、メンタル体、アストラル体、エーテル体の記憶と鋳型を、そのまま肉体に

降ろすやり方を選んだ方がよいということになります。

　ここでは宇宙法則の忠実な反映、すなわち想念は物質を支配するというのが原則です。ということは物質が失われても想念はそれをすぐに再生するということになります。物質優位だとこんなことは起こりません。源流を見失うと私達は自分の首を絞めてしまうのです。

　私達は眠って夢を見る。そこでは象徴的な体験をしていく。そして目覚めると記憶を失い地球生活に戻るということから、夢で象徴的な体験をしていきつつ、そのままシフトした地球に移行すると、そこまでは夢の記憶を保ったまま物質界の生活が続くということになります。そこでは個人の記憶だけでなく、もっと宇宙的な大きな記憶などもそのまま失われることなく保持されます。先祖の記憶だけでなく、宇宙種族の記憶もそのまま保持されます。

　私に会いにきたオリオン方向に住む宇宙人は１万150年前のことをつい昨日のような言い方をしました。

　ということは、このシフトした地球、エーテル体に従属して同じ型が維持できる地球への入口とは、寝入りばなか起き際だということになります。これは空間のポータルでなく時間のポータルです。そのつなぎ目を弄（いじく）り回すよりも、違う方向へ移行するためのドアとして活用するということになります。二差路でなく三差路になるというわけです。

　私達がシフトした地球に移行したかどうかを点検したいなら、夢の象徴性と記憶がそのまま続くとしたら、シフトした場所にいるのだという話になります。

　テレビのニュースで見た残酷な話ですが、夫が寝ている間に、妻が包丁を刺して夫を殺したという話がありました。こういう場合、夢を見ていた夫はそのままシフトした地球に移動するかというとできないでしょう。肉体からエーテル体が切り離され、短時間の間に、地上的な記憶と

しての鋳型が消えていき、かつて住んでいた地球の時間と場所もわからなくなり、また人間の形も、また体験のスタイルもすべて消えていきます。妻が殺したという形も消え去ります。

その段階でもなお意識を継続できるように、その人が信念体系に支配されない柔軟な状態でいれば、自我は継続しますが、地球的なスタイルに基づいて自我を構築していればエーテル体が切り離された段階で、その人がいなくなります。

トータルな人間とはメンタル体、アストラル体、すなわち高次思考センターと、高次感情センターを持ち、七つのセンターをすべて持っている存在であり、これを1日の地図にマッピングすると、夕方から明け方まではメンタル体とアストラル体の活動時間、そしてつなぎ目にエーテル体が当てはまり、これらのすべてを意識し、記憶していることになります。

夜に眠って意識を失うのは、つまりは非個人的な高次思考センターと、高次感情センターが発育していない状態であり、そこだけがごっそり不在になるということです。それは多くの人が個人として生きているからで、この局在的なところに自我を置くと、非局在とのつながりが損なわれるというわけです。

宇宙の始まりから終わりまですべてを覚えていて、そして七つのセンターを保持する全体的な存在、グルジェフのいう条件つきではない「人」になるために、夢を記憶することに努力してみるとよいのではないでしょうか。

『タロットの神秘と解釈』を書いた時に、私は、今の人間は自分の半分だけつまり昼の部分だけで生きていて、極端に偏っており、これを半人前というと説明しました。かつての地球では、生命はさまざまな物質に入ったり、またすぐに出たりしていました。地上生活は体験の一つと

して、それは楽しい遊園地での遊びだったのです。今は死ぬまで同じ場所にいなくてはならないといわれていますが、これは難易度の高い幽閉ゲームです。

　手品師が水の詰まったガラス器の中に鎖をつけて閉じ込められ、果たして抜け出せるかどうかを見せるようなものですが、多くの人はこの器の中で死んでしまうのです。七つのセンターをすべて所有するために、１日の全時間を活用してみましょう。知覚形式の違う時間、つまり夢もそのまま昼の時間と連続させて生きるとよいのです。

　インドのオショーは眠らなかったといいますが、眠っていても意識は連続するので、結果として眠らなかったということです。それではかなり疲れるのではないかと思う人がいるでしょうが、メンタル体の無の暗闇の中にいるという領域に達すると、世界の騒がしさは消え、根源的なリフレッシュを起こすのですから、本格的な睡眠効果も、この連続した意識の中で達成することができるのです。

　フェイズ１意識を私はあまり覚えていないと書きましたが、そもそもそれは記憶があるというものではなく、むしろ無になること、そこから意図が発生してくることがメンタル界の特徴ですから、それを覚えているということそのものが、言い方が間違っているのです。すべてを失ったという時に、それをメンタル界体験を覚えているという言い方にしてもよいのです。

　占星術は構造共鳴の世界観で作られています。一生、１年、１日などにコンパクトに全宇宙の構造のミニチュアを復元するというのは、特定の時空の閉鎖的でローカルな枠組みを打ち破り、構造がさまざまな次元に浸透することにも似ていますが、１日のスケジュールの中で進化の手順を復元できるというのは、なかなかに興味深い話ではないでしょうか。

　社会生活においてはとてもおとなしく、１日の食費は千円以内で、虫

も殺せないような生活の中で、宇宙に拡大する生き方を確立できるのです。

アストラル体の忠実な模型としての身体を持つことで、その人固有の消化性能が発揮されることになります。つまり同じ食べものを食べても吸収するものが違い、その人にとって必要な食物、すなわち物質はみな違うのです。それは呼吸する空気から何を取り入れているのかも違うということですし、もちろん、取り込む印象も違います。

このようなケースでは、吸収することと同じく、排泄すること、吐き出すことにも注意深くなります。余計なものを取り込むと、それは穢れの蓄積、カルマ成分を増やすことになるからです。

一般論としての医学情報などを真に受けると身体を壊したりもするでしょう。シフトした地球では、その人のメンタル体、アストラル体に忠実な肉体を持つとすると、画一化された人の形はそう多くないものとなり、それぞれの星系に応じての身体を持つことになります。想念は物質を支配するというのは、そういうことでもあるのです。人間の形は最も知性の劣るものであるということもあるのですが、いろいろな形があるというのは、今の地球でいえば、自然界のさまざまなもの、雲とか海、山、樹、動物、建物などに生命が宿るようなものかもしれません。

確かに、私に接触するある宇宙知性は部屋に、特にホテルの部屋に同期してきます。伝えたいことがある時、とりあえず部屋になってしまうのは奇妙だと思いません。

構造共鳴による伝達は、実は、精度が高い伝達ができるからです。

おわりに

　毎日夢は見るので、毎日新しい本を読んだり体験したりしているのと同じです。

　最近、私は立体幾何図形をエーテル体の形として説明していて、意識の点、その意識が投射すると線、それらが複数結びついて面ができた時、象徴とかアストラル体ができると考えています。ですが、意識は常に点に戻ろうとする。これは原点回帰ですが、そもそも点になるともう意識は働くことはなく、そのまま無に戻ろうとします。そこであらたに、違う方向に意識を投射することで、今までの違う線を作り、そこから新しい面を作るのです。

　プラトンは、元素は転換可能であると説明しており、異なる立体幾何図形に変わるには、面、線、点に戻り、また点、線、面に展開します。

　こうしたことに関係した夢を見た次の日に、このように図形を変えることができるのならば、つまりそれは意識、意味、ロゴスが違う図形を作ることも可能だという点で、象徴と、その中身の意味は混乱するくらい自由に入れ替えてもよいのではないかという夢を見ました。直接それを指摘する夢ではないのですが、渋谷駅前が洪水になっており、しかも茶色の水なので、地面がわからず、たくさんの人が水没している光景です。夢が遊ぼうとしている気配を感じました。

　夢を見た時、あらゆるものは象徴的に現れ、それは直接そのものを表しているわけではありません。グレイのような顔をした宇宙人が来た時、「これはグレイなのだ」と考えることはほとんど不可能です。形やイメージと意味が合致していないというケースでは、警察官を見たら、「それはオレオレ詐欺のウケコだ」とか、女性を見たら、「それは男前なのだ」と

いうような結びつきもあるでしょう。こうなると、夢を見た時に、どういう手立てで解釈すればよいのだろうかと困るかもしれません。

夢ではメンタル体、アストラル体、エーテル体の体験をします。この場合、メンタル体とは意味を与えるものです。そしてアストラル体は象徴性です。夢を見た人が、メンタル体が働いていると、意味そのものを直接認識できるので、警察官を見た時、「それはオレオレ詐欺のウケコなのだ」とすぐに判断できます。どういう兆候でそう判断するのか。

たぬきが化けた時のように、尻尾が出ているのかというと、全く何の兆候もなくても、メンタル体は直接意味を受け取ります。というのも、メンタル体はアストラル体ではないので、イメージや色、音、形などを伴わないで考えていく力です。ですから、形に振り回されないのです。

メンタル体がやや弱く、アストラル体の強い人は、夢を見てもイメージの洪水で、そこに何の意味、すなわち意図があるのかさっぱりわからないということも多くなります。アストラル体は世界を感じるボディなので、意味をとりこぼして感じていくことが続くと考えてもよいでしょう。

夢をすべて忘れてしまっても、朝起きて、すぐに思いつくこと、連想することなどがあるとそれは見た夢を説明していることなのだと、私はいつも言っています。意図を示すメンタル体からすると、たくさん洪水のように夢を見ても、一つひとつはほとんど重要でなく、トータルに何を言いたいのかがはっきりわかればよいということになります。

物質的生活に慣れすぎてしまうと、象徴と事物の関係を固定します。これが大人になったことを意味しています。大人は脳を固定的に使います。

渋谷駅前が洪水になり、地面の場所がわからなくなったというのは、事物が見えなくなったことを表しています。そもそも渋谷駅前は、縄文の

海のどん底の場所で、事物から切り離された象徴があふれ出している場所です。だから魔物が出没する場所として、数々の映画に使われるのです。私は自分の布団が濡れないように背中に背負って、水没しないように、原宿方向に歩きました。布団は植物性大地であり、仙人が乗る雲であり、大地よりも少し浮いたところにある仮想大地です。魔法の絨毯といってもよいし、この洪水のどさくさにまぎれて、象徴は軽い事物に乗せるが、物質的事物には乗せないということです。

　つまり夢の体験を通じて、象徴と事物の固定的な関係をどんどん解体させ、象徴は象徴のままで理解するか、あるいは少し軽い事物性を与えるとよいということになります。軽い事物性とは、姿を変えることも多い素材です。

　毎日の夢の体験を、不死の身体を作ることに向けると、そこにはどんなことよりも大きな意義、目的が発生し、毎日の夢を見ることに真剣になれます。でも、大地に依存すると、いつでも洪水になるし、信頼できるものは何一つなく、無目的に生きるしかなくなります。大地の上で生きる人が何か目的を持っても、それはすぐに崩れてしまうか見えなくなってしまうものなので、何のために生きているかわからなくなるのが普通です。

　そういう場合、極端に視野を狭くして、目の前のことしか見えないようにして何とか誤魔化すという以外はできません。もっとトータルな目的を持ち、そこで夢を活用するというのはなかなか賢い方法ではないかと思います。

　夢の本は、これで2冊目です。そもそも『マンディーン占星術』（説話社）を書いた時、これでは書き足りないものがあると思って、それで夢の本を書きました。つまり夢の本は、マンディーン占星術のスピンアウ

トなのです。

　1冊目はナチュラルスピリットから出たのですが、それでもまだ足りないものがあると思って、本書を書きました。

　大地は洪水になる。背負った布団が大地に当たらないように努力しながら原宿方向に歩く。夢は布団の上で見ますから、この布団という植物性大地あるいは魔法の絨毯に自分のベースを置き換えるというのは、洪水になる大地の上に生きることから救済するということにもなります。

　ミトラは海からやってくるという話がありますが、ミトラ、弥勒菩薩（みろくぼさつ）は人類を救済するといわれています。その場合、海からやってくるというのは、まず大地はいったん洪水の中に沈まなくてはならないというのが前提にあるのではないでしょうか。そして人々を植物性大地の上に引き上げていきます。布団は船といってもよいし、天空に浮く布団ならば、それはアメノトリフネ、マカバです。

　精神世界では地球は二分するという意見もあります。重くなっていく地球はますます固くなる大地です。

　一方でそこに乗りたくない人々は、アセンションする地球に向かいます。これはシュタイナーのいうアーリマン方向とルシファー方向を意味していますが、アセンションする地球に生きる人は、洪水を利用して、大地から浮きます。つまり身体が軽いと、洪水が起きた時に、大地に沈むのではなく、水に浮くと考えてもよいでしょう。

　世界が洪水に見舞われた時、ノアは箱舟で暮らし、新しい大地を探しましたが、これは間違いではないでしょうか。つまりずっと箱舟に暮らせばよかったのです。それで困ることなど何一つありません。マイトレーヤは海からやってくるが、マイトレーヤも海に浮かぶことに不満はない

のです。土の元素が必要なら軽い土として布団があればよいし、この布団は要するに船ですから、大地から浮く軽い土の元素として、箱船にいればよいし、狭いと感じたら増設して大きな船にすればよいのです。

　風の元素を示す双子座の1度のサビアンシンボルは、「水の底を覗くガラス底ボート」ですが、これは水に浮く風の元素の船で、しかしプラトン式に、元素は転換できるという意味で、風のボートを土の元素とみなすということも考えてもよいでしょう。

　最近思うのですが、説話社は私から見ると、綿布団みたいです。そもそも十年以上前に、説話社の雑誌の編集長Yさんに、「説話社とはどんな会社ですか？」と聞いたことがありましたが、答えは、「まるで穏やかな牧草地」というものでした。説話社は占いの本を出していますが、私が洪水の渋谷から布団を抱え込んで向かった方向は原宿ですが、私の頭の中では原宿とは占いの地です。私が初めてタロット占いを始めたのは原宿ということもあります。つまり原宿とは、箱舟から放った鳥が行き着いた新しい大地ですが、それは植物的大地であり、エーテル体で作った雲であり、穏やかな牧草地です。

　編集の高木さんは、私に新しい本の企画を提案してくれていますが、私が驚くのは、私の動きを見通して次の話を持ち出しているということです。高木さんは超能力者なのか。そういうわけで、私は穏やかな牧草地で、真綿に包まれるように、楽しく本を書いています。こんな楽しい状況がいつまでも続くとは思えないが、今までそうだっただけでも丸儲けという気分です。好きなことをして収入になるというのは、この固い地球においては奇蹟のようなものなのです。というわけで、いつも驚きつつ、感謝感謝ということです。

著者紹介
松村　潔（まつむら・きよし）

1953年生まれ。占星術、タロットカード、絵画分析、禅の十牛図、スーフィのエニアグラム図形などの研究家。タロットカードについては、現代的な応用を考えており、タロットの専門書も多い。参加者がタロットカードをお絵かきするという講座もこれまで30年以上展開してきた。タロットカードは、人の意識を発達させる性質があり、仏教の十牛図の西欧版という姿勢から、活動を展開している。著書に『完全マスター西洋占星術』『魂をもっと自由にするタロットリーディング』『大アルカナで展開するタロットリーディング実践編』『タロット解釈大事典』『みんなで！　アカシックリーディング』『あなたの人生を変えるタロットパスワーク実践マニュアル』『トランシット占星術』『ヘリオセントリック占星術』『ディグリー占星術』『本当のあなたを知るための前世療法　インテグラル・ヒプノ独習マニュアル』『三次元占星術』『完全マスター西洋占星術Ⅱ』『ボディアストロロジー』『アスペクト解釈大事典』『タロットの神秘と解釈』『マンディーン占星術』『トランスサタニアン占星術』（いずれも説話社）、『決定版!!　サビアン占星術』（学習研究社）ほか多数。
http://www.tora.ne.jp/

夢探索（ゆめたんさく）
Dream Method ～夢から力を引き出す本～

発行日　　2019年8月24日　初版発行

著　者　　松村　潔
発行者　　酒井文人
発行所　　株式会社 説話社
　　　　　〒169-8077　東京都新宿区西早稲田1-1-6
　　　　　電話／03-3204-8288（販売）03-3204-5185（編集）
　　　　　振替口座／00160-8-69378
　　　　　URL http://www.setsuwasha.com/

デザイン　　染谷千秋
編集担当　　高木利幸
印刷・製本　中央精版印刷株式会社

© Kiyoshi Matsumura Printed in Japan 2019
ISBN 978-4-906828-56-2　C 0011

本書で掲載しているタロットカードはマルセイユ版と松村潔オリジナルタロット（『タロットの神秘と解釈』より）です。

落丁本・乱丁本は、お取り替えいたします。
購入者以外の　第三者による本書のいかなる電子複製も一切認められていません。